Vislumbre

Antologia Contos e Poesia Hot

Comunidade Contos Livres

Vislumbre

Antologia de Contos e Poesia Hot

Comunidade Contos Livres

Primeira edição

Editora BrunsMarck
2020

Catalogação na Publicação (CIP)
Ficha Catalográfica feita pelo autor

C739 Contos Livres, Comunidade.
Vislumbre: Antologia de Contos e Poesia Hot –
1.ed. – Lagoa Santa, MG:
Editora BrunsMarck. 109 p.; 21 cm

Inclui índice
1. Poesia brasileira I. Livres, Comunidade II.
    Título.

CDD: 871   CDU: 82 -1
ISBN:

Vislumbre: Antologia de Contos e Poesia Hot
© 2020 de Comunidade Contos Livres
1º Edição: Novembro de 2020
Organizadora: Mari Gonçalves e Bruno Twain
Projeto Gráfico e editorial: Mari Gonçalves
Capa: Bruno Twain
Editor: Maria José Gonçalves
Editora BrunsMarck
Rua conde Dolabela, 4231ª – Ipanema.
Lagoa Santa – MG – CEP: 33400-000
Tel.: 31 9 8976-0844
https://www.editorabrunsmarck.com.br/

Prefácio

Um passo dado, um sonho realizado. É com um imenso prazer que apresentamos essa obra literária tão única para nós.

A primeira edição de Vislumbre Antologia Contos e Poesia Hot foram à realização de um sonho da editora que contou com de um grupo de escritores espalhados por todo o Brasil, todos selecionados por seus belos textos. Todos com o mesmo objetivo, ter seus poemas e contos publicados em um livro. E que livro, meu caro leitor, espera que todos tenham muito prazer durante a leitura. Uma belíssima experiência aos amantes de contos e poesias prazerosas do hot brasileiro. Para nós que escrevemos cada um, foi nossa consolidação como escritores, um sonho para todo um prazer para todos os amantes.

Que todos vocês sentem a magia e a essência de contos ou poesia eróticos e sensuais, desfrutando da forma que melhor for para vocês.

Boa leitura!

Editora Brunsmarck

Índice

Amizade moderna

Seja meu amigo. Desnuda-me em amizade
Beije meu corpo nú em companheirismo
Lava-me com sua língua quente num banho de gato
Amigo apenas...
Desses singelo e sincero
Que senta do lado e puxa a blusa para baixo
Que elogia seus seios e diz que quer mamá-los
Desses que devora a carne
Invade cada buraco do corpo com seu falo
E puxando o cabelo bate na cara enfia na boca ao jorrar,
Mas como amigo se preocupa para você não engasgar
Companheiro nas horas solitárias que quando eu chamar
Corra com uma mão amiga
Mão essa que adentra as coxas
Na bunda deixa a marca roxa do tapão da mão espalmadas
Das pancadas de um conselho profundo bem dado
Amigo que seca a lagrima do choro que escorreu pelo rosto
Enquanto socava o pau gostoso buscando pelo gozo
Ouvindo a minha agonia de gritar em euforia
Pedindo mais rápido...
Mais forte.
Por que afinal...
Amigo pode!
Seja meu amigo...

Desses que a me ver triste me alegra pondo-me de quatro

Melando o pau na vagina e adentrando o rabo

Esfregando o clitóris apertando as coxas,

Entusiasmado no ir e vir só para me ver sorrir.

Te darei meu peito amigo sufocando com os mamilos

Uma palavra doce com uma pitada de sal

Com a minha boca macia chupando seu pau

Quero uma amizade profunda tanto quanto pode me penetrar

Apenas amigos sem cobranças.

Sem ciúmes ou deveres

Pois uma amizade verdadeira não tem dessas coisas

Que se entedia a amizade que é pura.

É simplesmente o prazer da companhia.

Autora: Liliane Prado; IG: @reflexoes_e_poesias_lp

Uma pintura, um sonho talvez

Sem razão nenhuma, aconteceu alguma coisa naquele dia melodramático. Porque estava a pintar, Dustin queria que soubesse ser pelo infinito, a beleza que tocar. A sua própria imagem refletida no espelho daquela sala encarava o que parecia mergulhar numa fantasia. Com o coração a impacientar-se, olhou para a tela em branco e depois para a janela. Um céu azul convidava-o a murmurar na sua mente, o que virou a cabeça para o lado, olhando para a porta que se abriu.

A voz de uma mulher sensual a entrar na sua sala, um vestido vermelho, com uma racha prolongada, levou-o a estremecer de entusiasmo. Por entre as suas meias vermelha, erguia-se uma pele macia e branca, no tempo que absorveu aquele momento. O seu rosto delicado, deixou-o agarrado ao pincel, não sabendo quem era. A sua voz sibilou o que imaginou, dirigindo-se à cadeira em frente, cruzando as pernas, num desejo de pintar.

Uma onda de calor percorreu o Dustin, à sua natureza que podia dizer aquela mulher loura, sensual, de olhos verdes, lembrando o homem que cavaqueava a imaginação, o que disse tocar. Porque significava um sinal, os olhos dela acenavam ao convite de um beijo. Empalideceu, no instante que abriu a boca. A tela em branco era a razão daquela modelo de olhos esverdeados, que brilhavam de sensualidade. Em cada gesto, por baixo do vestido vermelho, deixava ver um corpo encantador e sedutor. As suas mamas lindas sobressaiam para fora, com os mamilos a descoberto, deixando aproximar o Dustin.

O que pensava tocar, através da sedução dela, começou a beijar e chupar aquelas mamas, deixando transparecer o que o excitava ainda mais. Os gritos de volúpia da Anne excitavam ainda mais o Dustin. Anne afastou as suas pernas, levantando o vestido na direção que mudou o que decidira, esperando as mãos do pintor sobre si. Dustin fez trabalhar a sua língua nas coxas da Anne.

Com um gesto brusco, rasgou o vestido vermelho, deixando ver toda a sua lingerie sensual, Afastou as cuecas vermelhas e penetrou-a a cona entreaberta, penetrando-a profundamente. Na respiração ofegante do Dustin, gritou de prazer, aumentando ainda mais a tesão dele. Penetrou-a com força. Deslizando as suas mãos pelo corpo encantador dela, com suavidade e firmeza, enquanto Anne suspirava, deixando a agitação do coração na volúpia incansável. Em seguida, Dustin penetrou-a por trás, enquanto ela se apoiava na cadeira. Agitou intensamente as nádegas, batendo-a com força. Anne estava excitadíssima.

Suas meias foram rasgadas, movimentando as nádegas dela e contorcendo-se de prazer. As palavras a dizer lembravam o que o fizera vir três vezes seguidas. De seguida, ela pegou-lhe no pénis suavemente, introduzindo-o na sua boca, beijando-o e lambendo-o todo. Não aguentou esporrou-se novamente, desta vez na boca da Anne. As suas pernas modeladas envolveram o Dustin, tornando-a a medida do esforço, gritando ao que estava a ser penetrada. Sobre ela, Dustin desceu até ao fundo, erguendo-se num vaivém, deliciando-se como o que sentia apertado na vagina.

Anne soltava gritos de prazer. Os momentos tornavam-se gemidos que disseram iluminar. Anne gozava de maneira intensa, quando era o que começava a estar fatigada. A sua beleza desempenhava o que apresentava o que sentia, na excitação que era o que não parava. Entre gemidos, o prazer no seu próprio, gritou de prazer, agitando as pernas e dizendo sentir-se feliz. A sensação que era a que ficasse na fantasia, excitava-o por amor.

Adormeceram de tanto prazer. Estavam cansados. Dormiram nus, nos seus corpos envolvidos num calor afrodisíaco. Quando Dustin acordou, não encontrou a Anne. Correu à janela. Nada. Correu à porta. Nada. Olhou então para a tela. E lá estava ela. Pintada lindamente, de pernas cruzadas, deixando ver a lingerie sensual.

— Oh, será que sonhei apenas?

Autor: António Ramalho; IG: @antonioramalho_escritor

Tarde Quente de Prazer

Despertando falo alto, que delícia relembrar.

Eu pegando em teus cabelos para você também me puxar

Enrosco meu corpo no teu, posso sentir o teu frenesim,

Teu coração acelerado, a tua boca a me beijar,

Tuas mãos me apertam querendo calor para me amar

Pareço doce, mas não posso mais ter controle.

Tiro o casaco te mostrando meu lingerie

Aquela renda preta, meus seios pequenos,

Minha barriguinha como descrevi

A calcinha eu te mostro todinha com uma reboladinha,

Não é somente cavadinha,

Mas fica toda nua a bunda tesuda para ti

Criei uma dancinha para deixar você me apreciar

E ficar ainda mais louco aqui

Daquela Playlist, que você criou para mim.

Passo minhas mãos pelo corpo, te deixo sentado aí.

Tiro tua bermuda branca, já vejo o teu desejo.

Louca para beijar e te chupar vou me distanciando

Quando tua mão me puxa e tua voz diz venha cá

Quero você aqui, beija-me, chupa meu pescoço,

Tira meu sutiã como um leão faminto

Engole chupa e beija meus seios, aumentando meu desejo.

Nessa cama de lençóis brancos a luz do sol parece invadir

Olhamos fixamente um para o outro parece sonho,

Mas o beijo gostoso nossos lábios silenciados dizem,

Que é real sim, tuas mãos em minha cintura.

As mordidinhas na orelha, você em busca de tirar.

A pérola para matar sua sede deita-me na cama

Diz-se louco para me fazer feliz

Esses lábios quentes beijando meus sinais

Descendo devagar enquanto tuas mãos não esquecem

De acariciar meu corpo e meus seios enciumados,

Você também sabe como envolvê-los com os dedos

Dá besliquinhos nos biquinhos.

Sua barba roçando em minhas pernas

Tua língua dura direcionando aonde chegar

Enfiando a me chupar.

Beijos que matam a tua sede me fazendo rir e gemer de prazer

Quero segurar tua cabeça para dali não sair

Mas me deixou com pulsos amarrados para receber sem interferir

Teu jeitinho carinhoso de me conduzir ao êxtase

Falando com voz doce, geme para mim safadinha,

Eu te chamo e te imploro, por mais, mesmo você,

Permanecendo nesse momento gostoso segurando

Minha bunda enquanto me remexo muito,

Te peço para você vir para cima para eu engolir.

Você vem com uma meia nove, te chupo engolindo todinho;

O teu gosto é tão bom meu amor, quero você dentro e por trás,

Minha bunda está bem molha de tanto que me fez gozar

Enfia gostoso e devagarinho, assim amor vou remexendo,

Balançando, você vai encaixando perfeitamente.

Segurando e dando tapinhas na minha bunda,

Que não paro de mexer.

Vai gotosa, tesuda, mexe meu amor, isso, assim...

Vou te deixar agora mais meladinha

Ouço teus gemidos me dizendo,

Que chegou ao ápice do teu prazer

Fico eufórica entre nossos gemidos tu me agarras

E dou enxurradas de gozo em tua mão,

Que não parou de tocar meu clitóris enquanto enfiava

Todo suado chupando meu ombro dá o último gemido

Com um suspiro quente e safado você diz

Vamos ao chuveiro quero te ensaboar minha gostosa

Eu já cansada e você cheio de gás pedindo mais.

Autor: Beatriz Chagas IG: @biaashagas

Desejos da Angel

Às vezes, precisamos apenas de um abraço.

E o teu abraço que ela quer teu aconchego,
Teu olhar, teu amor que ela procura.

Você é o motivo do meu tesão acumulado.

Autora: Angel; IG: @tittangel

Desejo Noturno

Eu que te espero
Sinto o meu corpo ferver.

A noite tão silenciosa
Parece que te espera.
É impossível confundir
O seu cheiro
Com o perfume das flores
Noturnas.

Eu te vejo em tudo,
Transparente em meus versos
Me deixando nua na cama.

Autora: Clarisse da Costa; IG: @clarisse_da_costa

Aceito o Risco

Aceito o risco de te amar
Só para sentir todos os dias
O calor do seu corpo.

Passar noites ao seu lado
Com toda a excitação
Dos nossos desejos,
Da pele arrepiada,
Da boca faminta
Pelos seus beijos,
Do sexo bem fogoso.

Eu que te procuro
Provoco, sinto, excito.
Eu que te espero
Arrepio
Tenho sensações
A minha pele te quer.

Autora: Clarisse da Costa; IG: @clarisse_da_costa

Taylor

A bela loira Taylor trouxe o namorado Daniel para casa após uma noite doce e cheia de vapor, e ela tem uma GRANDE surpresa para o twink bissexual de cabelos ondulados.

Taylor enfia uma correia e os olhos de Daniel brilham de alegria, prontos para sua namorada gostosa dar uma surra no seu cuzinho apertado.

Mas, pouco Daniel sabe, Taylor tem outra surpresa ainda maior para ele.

Taylor providenciou para que Wesley, pauzudo e excitado, se infiltrasse e a ajudasse a fazer uma brincadeira no passivo pequeno e faminto.

Taylor deixa Wesley foder em seu lugar, pegando o namorado por trás, enquanto ela se esgueira para surpreendê-lo de frente!

O Daniel está muito emocionado quando descobre o engano deles e os três têm uma bissexual luxuosa e empolgante sexo a três.

Autor: Thiago IG: @dosedethium

O jovem casal

O jovem indeciso Thiago e sua esposa atrevida Joline estão apenas tentando passar pela segurança do aeroporto para que possam ter sua tão esperada lua de mel.

No entanto, quando Bruno os pega tentando contrabandear algo através da segurança do aeroporto, sua fuga romântica terá que esperar.

O policial Bruno encontra um grande plug anal de metal enfiado na bunda de Thiago e uma pulseira ainda maior em volta da cintura de Joline!

Bruno fica chocado quando descobre o segredo pervertido do casal, mas seu choque é rapidamente substituído pela curiosidade quando Thiago e Joline o colocam em seu jogo sexy furtivo com um bissexual quente e pesado de três vias na sala de interrogatório.

Bruno e Joline se revezam cercando o buraco faminto de Thiago, enchendo-o o mais fundo que podem até que estejam prontos para a decolagem!

Autor: Thiago IG: @dosedethium

Quero

Quero...

Sentir seu perfume, que chega antes de você...

Quero...

Sentir suas mãos suaves tocando meu corpo...

Quero.

Seu olhar me olhando

Quero...

Sua boca buscando a minha...

Seu corpo buscando o meu...

Um encontro onde nós dois formamos um só corpo...

Um só pensamento...

E sei que você também quer...

Vive dizendo o contrário...

Mas sei e conheço você...

E sei que sua resposta também seria...

QUERO...

Autor: Simplesmente 42; IG: @simplesmente42

Eu, café e você

Eu, café e você.

Você toda nua...
Servindo-me café
Olhando a lua
Peco na minha fé.

Pele branca avermelhada
Abraço-te firme e extasiado
O café se aquece em nós dois.
E você toda molhada.

Em cima de mim...

Autor: Robson Braga IG: @rbrecantopoetico

Intenso

Teu desejo intenso

Teu amor exagerado

Meu calor ardente

Loucos e encaixados

Não existe tempo

Nem lugar

Somente gemidos

Corpos unidos

Loucos e umedecidos

Teus poros aquecidos

Frenético, me perco dentro de você.

Então loucos,

Deixamos a imaginação voar

Um vai e vem eterno

Um louco naufragar

****

Quando estou dentro de ti

Encontro um caminho iluminado

Perdido nos teus gemidos

Achado nos teus loucos sentidos

Quando te movimentas

Com intensidade

Me perco no teu prazer

Então derramo
Minha vida dentro de você

Autor: Rui Bastos; IG: @ruibastos500

Explosão de prazer no chuveiro

Pela primeira vez, as mãos dele me tocaram naquela noite. Pele com pele, nós dois no chuveiro, libertando todo o desejo que sentíamos um pelo outro e que não podia mais, ser contido... Era nessa lembrança, que minha mente se perdia, enquanto esperava duas estações a mais, dentro do metrô.

— Estação Largo do Machado. Dizia à voz da locutora e eu dizia a mim mesma:

— Dá tempo de me distrair mais um pouco, pensando em como ele pressionava o meu corpo contra a parede, dentro daquele Box.

— Chego a morder os lábios!

Até, que sou obrigatoriamente retirada, do meu súbito e absorto pensamento.

— Estação Cardeal Arco Verde, escutei!

— Dei um pulo do assento onde estava! Pois nem me toquei, que já haviam passado as estações, Flamengo e Botafogo.

Enfim, lá vou eu e mais um dia após o nosso gostoso sexo. Já faz uma semana, desde que tudo aconteceu e que eu não paro de pensar no Hugo. Minha mente teimosa volta insistentemente naqueles momentos, me fazendo desejar repetir a dose de prazer.

Bato na cabeça, dizendo:

— Clara sua burra, não vá se apaixonar! Ao mesmo tempo penso:

— E que graça tem, se não me apaixonar? Afinal, o Hugo, desperta tudo em mim. Aquelas coisas, que de repente sentimos quando estamos apaixonados!

Na verdade, desde o início foi assim. Quando o vi passar por aquela porta, dizendo:

— Eu vim, por causa do anúncio do quarto que está vago.

Eu apressada demais, querendo encontrar alguém, com quem dividir as despesas, pensei:

— Porque não um rapaz? Sendo uma boa pessoa, não há problema algum!

E foi assim que nos conhecemos. Nunca imaginei, que toda vez que nos aproximasse, eu iria paralisar e minhas pernas bambearem, ao ponto, de não conseguir me expressar, como de costume.

Muito menos pensei, que seu olhar e posturas, tão firmes e seguras, iriam se abalar por causa de um sorriso meu, pelo som da minha voz perto dele ou acidentalmente o esbarrar de nossas mãos.

Os dias se passaram, um mês, dois meses e a cena se repetindo. O olhar dele... Minhas pernas bambas! Parecia que nos comunicávamos, sem nada dizer.

Até, que uma sexta à noite, chegando do trabalho, ele não estava. Me deixou uma mensagem, avisando que iria passar uma semana fora. Com a notícia, fiquei bem à vontade: portas abertas, roupas pelo apartamento... Abri o chuveiro e fiquei minutos e minutos distraída. Relaxando em um demorado banho.

Foi quando me assustei! Olhei para a porta do banheiro, que deixei aberta e lá estava o Hugo. Extasiado, me olhando, como que incapaz de mover-se. Com seu olhar fixo em mim, sua boca entreaberta e sua respiração forte, ele não sabia o que fazer. Eu estava tão nervosa, que mal consegui pronunciar as iniciais do seu nome.

Tudo aconteceu em segundos: ele se virou para ir embora. Meu corpo e minha mente disseram não, apertando as mãos no vidro do Box. Em um ímpeto ele se virou para mim e começou a tirar à blusa, os sapatos, a calça. Admirando seus músculos, eu já estava morrendo de desejo. Abri a porta do Box, ele entrou, nós dois sorrimos. Ele apertou meu corpo junto ao seu, suas mãos firmes deslizavam pelo meu corpo, enquanto nossas línguas se entrelaçavam no melhor beijo que eu já dei e recebi. Minhas mãos, suavemente arranhavam seu corpo, a começar pelas costas até o seu membro delicioso.

Beijos, apertos, carícias, chupadas, movimentos rápidos e lentos! Ficamos ali uma hora ou mais e ainda foi pouco. Como dois incontroláveis, Hugo me jogou na cama e molhados de tanto prazer, gozamos uma, duas, três vezes, fazendo amor várias vezes em uma noite. Efeito da nossa paixão que explodiu!

Em tudo combinamos em tudo nos encaixamos, sem pedir para acontecer! Não se pode conter um amor assim!

— Bendita hora, que você perdeu o ônibus naquele dia.

— Amanhã você chega. E eu quero mais uma dose de prazer, várias doses de você!

Autora: Daniela Fioravante; IG: @Chamapoeticaa

Desejo de Alma

Esse é um caminho em volta, quando você mergulha no seu inconsciente e lá encontra os desejos de sua alma manifestados através de seus sonhos, você abre um portal, uma fenda no Universo...

Ela não sabia disso, mas ao despertar daquele sonho tão real, desejou com seus ovários viver uma experiência sexual intensa e, como no Universo é pontual em acolher desejos verdadeiros e fazer as devidas conexões.... Sua vida estava prestes a mudar...

Era um dia comum, ela acordou ainda extasiada com as lembranças quentes daquela experiência que, ao mesmo tempo em que era tão irreal, trazia ao seu corpo sensações vívidas e prazerosas. Inebriada pela energia daquele homem que mal viu o rosto, mas que sentiu o cheiro, o gosto, despertou com seu curto babydool molhado pela excitação. Levantou já se despindo...

Ao lado da cama deixou seu short´s e retirou sua blusa, largando-os no chão, e seguiu para a janela, abrindo as cortinas, deixando o Sol aquecer seu corpo nu enquanto respirava profundamente o ar matinal, conectando-se ao dia, ao agora, ao calor externo e interno!

Seguiu para o seu banheiro onde colocou a água para esquentar e parou por um momento em frente ao espelho e se viu diferente, se viu fora do seu personagem cotidiano, se viu mulher! Sentiu vontade de tocar seu rosto, suspender o cabelo, acariciar seus seios, descendo com a unha pelo abdome até chegar ao local intimo de seu corpo! Ah! E como a sensação era gostosa...

Quanto mais se tocava, mais molhada ficava e quanto mais molhada, mais tesão e mais vontade tinha de acelerar o toque. Entrou no chuveiro, aproveitou para se ensaboar e se amar, passou o sabonete em seu corpo como se ele fosse o deslizar da mão de seu "dono" que, com um toque, em seu sonho, conseguiu passar o desejo e a admiração pela forma do seu corpo feminino. Transitando por suas curvas, seios, cintura, bunda e coxas, ia imaginando como seria esse toque, cheio de querer...

De olhos fechados, recostou a cabeça na parede, molhou os dedos em sua boca, deixou a água quente cair sobre o seu corpo e ali deu vazão à toda sua vontade.... Estimulou, com os dedos molhados, seu ponto G, deslizando e transitando entre o ponto G externo e introduzindo 1, 2 e 3 dedos na direção do seu ponto G interno, sentindo o escorregar dos dedos pelo excesso de lubrificação...

E ali sentiu o calor do seu corpo aumentar, sua respiração ficar curta e ofegante, seu coração acelerar e seu corpo ir da excitação ao relaxamento com o gozo, com a satisfação em liberar o seu prazer!

Agora, relaxada, vestiu-se com a roupa de seu personagem social: "a executiva"... Meias 3/8's, saia pouco abaixo do joelho, salto, corpete, blusa social branca e terninho cinza...

Tão blasé quanto sua vida sexual...

Colocou os óculos e partiu, com sua pasta em mãos, rumo ao encontro do motorista de aplicativo que já a esperava...

Autora: Vanessa Tovar; IG: @vane.sto

O despertar

Quem a via, de nada sabia... Olho doce, sorriso envolvente, com jeito de menina inocente, mal se podia imaginar que dentro de si escondia um desejo ardente! Cansada da monotonia da vida e sedenta por emoção, ela havia chegado a casa. Molho de chaves largado á mesa, seu salto alto preto jogado no tapete, abriu seu vestido e o deixou deslizar pelo corpo até o chão, como se quisesse se libertar de algo, se livrar daquele personagem que interpretava em sua corrida vida de executiva, onde, com pulso firme e sensibilidade guiava uma equipe aos seus resultados...

Apenas de meias 3/8's, de calcinha de renda e sutiã pretos, acomodou-se em seu aconchegante sofá, com sua taça de vinho bordô suave nas mãos.... Sua única companhia após exaustivos dias de trabalho. O que ela não sabia, era que, em suas mãos, detinha um passaporte e que ele a lavaria para um lugar livre, onde tudo é possível.... Onde guardamos nossas vontades mais secretas...

Fechou os olhos para essa realidade e acordou para o seu interior, onde se encontrava num quarto vermelho, todo acolchoado, em meio a um arsenal de utensílios sexuais. Passeou com seu lingerie preto pelo local, vagarosamente, acariciando cada objeto como se estivesse a escolher um adequado aos seus desejos... E fixou os olhos numa coleira preta, com letras douradas grafando: BDSM! Era essa!

Pegou a coleira e a depositou em uma almofada igualmente vermelha, como o quarto, e, de cabeça baixa, foi caminhando até um homem moreno, de corpo atlético, tatuado, com barba rala e mãos fortes, aquele tipo másculo, que faz você perder o raciocínio com seu jeito penetrante de olhar. Aqueles que, sem nenhuma palavra penetram em sua mente dominando seus desejos. Ao se aproximar dele, teve sua cabeça levantada pelo queixo, até a altura de seus lábios e, só de tê-los perto de sua boca, pôde sentir seu corpo se alterar.

Respiração ofegante, face rubra pelo calor que subia pelo meio das pernas, coração disparado, estava ali à emoção que buscava em seus dias, nas mãos de alguém em que pudesse se entregar, alguém capaz de controlar sua mente, corpo e emoções. Ele a recepcionou com um beijo ardente e demorado e, com delicadeza a virou de costas, para então fixar em seu pescoço a coleira como um símbolo de posse, com a permissão dela que, nesse universo não desejava comandar e sim se entregar a condução do prazer.

Conduzindo a guia, ele a levou num movimento que descia pelo seu pescoço, seguido do seu peitoral, chegando ao abdômen. E ela, como boa CACHORRA que era, o seguiu lambendo e beijando todo aquele corpo, completamente envolvida pelo cheiro e pelo gosto da pele de quem domava seus sentidos. Ah! Esse caminho...

Esse caminho a levou de encontro com a manifestação do tesão masculino, um pau duro e ereto, latente.... Ela começou a acariciar com a língua só a cabecinha com pequenas lambidas até cair de boca, sem dó, molhando e chupando com tanta vontade. Sua maior satisfação estava em ouvir seu DOMI segurar a respiração para não gozar num sonoro "Sssssss"...

Ela estava tão envolvida com o oral, que nem percebeu a troca do gancho da coleira. Ele havia trocado o gancho da coleira para a sua nuca enquanto ela sugava seu pau com carinho e intensidade.... Foi quando sentiu um leve puxão, capaz de desconectar sua boca de seu objeto de desejo. Sem nenhuma objeção, ela se deixou conduzir pela guia até uma espécie de balcão acolchoado onde seu DOMI ordenou que repousasse seu tronco, ficando assim de quatro. Atrás dela, seu olhar estava fixado nas curvas delineadas pelo seu bumbum que era apalpado com desejo e, a pega com firmeza pela cintura, a encaixou no seu pau, sem dó, e ali se manteve bombando com pressão.

Entre os gemidos de prazer ela ouvia sair da boca do seu DOMI sussurros como: "Cachorra, gostosa", enquanto o mesmo a puxava pela coleira. O corpo dela arrepiava ao ouvir a ordem: "Empina essa bunda! " E ao ouvir o som da sua mão pesada estralando em suas nádegas, num misto de dor e prazer. Esses tapas ditavam o ritmo da transa, que era deliciosamente prazerosa. E ali, sob o domínio daquele homem, perdeu o controle do próprio corpo, quando sentiu sua buceta pulsar ao comando dele: "Goza pra mim vai! ", porém, seu DOMI ainda não estava satisfeito, conduziu sua sub pela coleira e descansou seu corpo sob uma cama redonda, apoiando-a de bruços com uma almofada levantando seu quadril.

Com a guia, amarrou as mãos dela para trás e passeou com a língua por entre as suas coxas até chegar em seu ponto G, sentindo o gosto de seu mel. E com a língua, lubrificou toda sua região intima inclusive a anal. Ela, formigando de prazer, relaxou e deixou a penetração acontecer. Ele introduziu seu pau com vontade sentindo as delicias daquele cuzinho apertadinho e molhadinho e, com muita pressão ali permaneceu, socando com força, na tentativa de que ela se lembrasse com carinho dele posteriormente, o autor e dono do seu prazer.

Estimulando-se, ela gozou mais uma vez com o pau dele enfiado até o talo e sentindo as contrações do gozo dela, retirou seu pau para gozar sobre os quadris dela. E sentindo o calor da porra dele em sua pele, foi trazida abruptamente a sua realidade ao acordar após ter derramado o resto do vinho em seu corpo. Assim percebeu que tudo não passara de um sonho...

Autora: Vanessa Tovar; IG: @vane.sto

Uma madrugada excitante

Na madrugada fria e cinzenta não se ouvia nada a não ser o canto triste de uma coruja tão solitária quanto eu, a lua estava parcialmente coberta por nuvens e a escuridão era perfeitamente notável, estava sem sono, inquieto e com o pensamento distante, vesti o meu casaco e fui para a varanda de onde fiquei observando o céu parcamente estrelado.

Era quase duas horas da manhã e o frio aumentava cada vez mais, ao meu redor havia alguns pedaços de madeira seca e um pouco de querosene, então, resolvi acender uma pequena fogueira para aquecer o meu corpo, eu realmente necessitava de uma chama ardente, fiquei por alguns instantes em silêncio apreciando cada detalhe daquele céu apagado e tristonho.

De repente senti o vento forte e a temperatura caiu ainda mais, alguns minutos depois uma chuva intensa desabou sobre aquela paisagem apagando a fogueira em instantes, destruindo o meu cenário pacato e aquecedor.

Entrei em casa, acendi o lampião que ficava próximo do meu quarto, tomei uma bela ducha e vesti roupas limpas com cheiro suave que lembrará a minha juventude, fui até a sala onde tinha um velho armário com cadernos de anotações e alguns livros antigos, revivi cada segundo vivido no mesmo local, encontrei um dos meus livros preferidos sobre um romance baseado em fatos reais e comecei a reler relembrando cada detalhe.

Já se aproximava das quatro da manhã e eu estava completamente hipnotizado pelo maravilhoso romance, quando de repente assustei-me ao ouvir alguém batendo na porta e pedindo para entrar.

Era uma voz feminina, fiquei um pouco assustado devido ao horário, mas ao mesmo tempo curioso. Abri uma janela ao lado da porta e confirmei que realmente era uma mulher.

Ela estava encharcada e com muito frio, imediatamente abri a porta e a mesma entrou. Era uma linda moça de cabelo escuro e comprido, olhos castanhos, de estatura média e pele negra, estava trajada com um vestido curto florado.

Perguntei qual era o seu nome e ela respondeu com uma voz doce, o meu nome é Camila. Indaguei o que havia acontecido e a mesma falou que estava fazendo uma viagem e que o carro havia quebrado próximo da casa, e então resolveu pedir estadia até o dia amanhecer, pois naquele horário dificilmente conseguiria alguém que concertasse seu carro e apesar de tudo não havia ninguém que ela a conhecesse na região.

Começamos a conversar, peguei meu casaco e gentilmente a entreguei para que a mesma pudesse se agasalhar. Lembrei que na cozinha tinha uma garrafa de vinho tinto e convidei-a para tomar comigo e ela aceitou de bom grado.

Começamos a degustar aquele saboroso vinho e depois de tomar algumas taças ficamos empolgados, risonhos e conversando coisas sem sentido, tínhamos tanto entrosamento que às cinco horas da manhã passou rapidamente ao lado dela e os primeiros raios de sol começavam a surgir no horizonte.

Foi quando ela ficou zonza deixando uma taça cheia de vinho cair no chão, nesse exato momento tocou na sua mão direita e um silêncio excitante tomou conta daquele ambiente, nossos olhos fixados um no outro pareciam brotar chamas de desejo, comecei a beijar sua boca e fui descendo até seu pescoço, ela começou a ficar toda arrepiada e me agarrou com força, como se quisesse ser devorada.

Feito um lobo selvagem levantei seu vestido e rasguei sua calcinha, nossos membros se encaixaram perfeitamente e fizemos amor em diversas posições, alternado os movimentos do nosso corpo. O tesão ficava cada vez mais forte com aqueles tapas no bumbum, aquela excitante puxada nos cabelos e aquele oral maravilhoso. Puxei uma velha cadeira que ficava na sala e sentei, ela veio por cima cavalgando em meu membro.

Seus seios balançavam em minha frente e ela sussurrava de tanto desejo. No apogeu daquele momento demos um urro de satisfação, naquele que foi o maior de todos os orgasmos, logo após o ato tomamos banho juntos e já passava das seis da manhã quando ela se vestiu e foi embora. Algum tempo depois dessa alucinante aventura, eu nunca mais a vi, no entanto, restaram boas lembranças da inesquecível madrugada que jamais será apagada dos meus pensamentos.

Autor: Edcleidson de Souza IG: @edcleidson1

O resplendor do céu

A noite seguia com o resplendor do céu de uma noite de lua cheia que encarava dos três jovens que se embriagava com destilado barato e com pinga, como sempre a Mariana ficava cantarola com seu violão, enquanto Santiago cantarolava entre uma dose e outra, e Esthefany seguia com a segunda voz que fascina os dois, havia certa disputa entre os amigos pela mesma, pois com seus olhos castanhos e seu 1.70 cm de altura com belas pernas torneadas e uma cintura que, mas parecia a viola que a Mariana segurava, e sua voz sexy que corrompia o coração dos amigos.

Mariana se aproximou e sentou próximo de Esthefany e chave ou em seu pé de ouvido, sussurros que fizeram seus pelos dos braços arrepiarem-se, e seu sangue ferve cada vez, mas feroz, segurou em seus cabelos e enfiou uns beijos enquanto o Santhiago preparava, mas uma dose e pegava um tira gosto, não se percebia, pois, uma nuvem engoliu a lua e fez-se escuro na madrugada, sem a canção para embalar e as duas a se pega, sobrou apenas a JBL que ficará a tocar um Raul Seixas.

Esthefany que estava presa pelos cabelos de sua amiga, que era uma morena de corpos esbelto cheios de curvas sinuosas e cabelos crespo cortado baixinho com um degradê que fazia a boca carnuda saltar os olhos, e um decote em v percebeu que a mesma estava sem sutiã com seu par de seios duros e com bicos duros cheio de tesão, e um pele macia, percebia a mão discreta que sua amiga fazia percorre pelo seu corpo, que deslizava sobre suas coxas apertando com força e desejo, diante de toda aquela cena a mesma avançou sobre os seios Mariana e chupou com força e amaciando aquele espetáculo.

As trocas de carícias foram se intensificando cada vez, mas até uma despir a outra por completo aquele contraste de cores irradiantes que no escuro não mostrava tamanha beleza, mas era sentida pelos toques que ardentes, e nos embalos de braços começaram a transar de forma ofegante enquanto o amigo estava dormindo, Mariana acariciar de forma firme e suave o clitóris com sua língua que chupava e fazia gemer a gritos de prazer, unido seus corpos as duas começaram a sentir o gozo do prazer em duas bucetas criando o delírio e ritmo frenéticos de mexer, subindo e descendo e desvendando os últimos suspiros gozando iguais.

Santhiago se acordará de seu pestanejar enquanto Mariana inseria sobre sua goela uma dose, percebendo que o litro guardava apenas aquela, falou para os amigos que iria ao comércio comprar umas cervejas para ver o por do sol, mal imagina ela que está noite seria pequena para o grupo de amigos.

Mariana sobre em sua moto XRE vermelha e segue para o comércio local para comprar, mas cerveja para verem o por do sol junto. Esthefany conversando com Santhiago relembra a nostalgia que toca em suas lembranças atiçadas uma música de Legião Urbana que já foi tem de sua vivência de um romance antigo com ele.

Roubando um beijo do dele veio à surpresa de que ele ainda sentia um tesão enorme por ela, segurando firme com a mão esquerda os cabelos loiros macios e com a direita apertando suas cochas, joga a língua na boca dela, neste impulso correspondida começar a chupar seus seios pequenos, e a seus lábios massageavam aquele peito que o fazia ela sentir calafrios na nunca.

Sentando no lajedo e usando agora o mourão da cerca para se apoiar ele se segura com todas as forças, enquanto ele mete profundamente na buceta dela enquanto ela está de quatro com suas mãos quebrando aquele pedaço de madeira, por sua vez ele pede para que ele jogue em seus braços, sentindo todo o seu peitoral e a vigor dos gomos do abdômen, e o cacete duro dele entrando pouco a pouco.

Olhando em seus olhos ela saciando sua sede pela piroca dele que batia em sua buceta marcando com vermelhidão o regozijo do ardo do fogo saliente, Santhiago enfia suas palmadas na bunda e enfiava no até ela chegar ao ápice do prazer gozando e jorrando aquele leite humilde sobre a rola dele.

Ela enfia suas unhas nas costas dele marcando e rasgando, Santhiago sabia que nos seus dedos amacia aquela buceta e fazia o clitóris chora e fazer Esthefany gemer a todo o momento, ela desce de joelhos ao chão olhando na face dele e fazendo malabarismo em seu pau e vendo o rugindo de satisfação que saltava em sua cara o esperma que escorria dos olhos até seus lábios que lambia e fazia-o estremecer as pernas bambas.

Mariana chegará vendo ao longe o led do farol de sua moto que fazia curvas para chegar com as cervejas, percebeu algo estranho, mas já tinha ganhado a sua noite com Esthefany.

Mariana começa a dançar e senti que precisava descansar, mas a agitação da noite não parava resolveu dar uma volta pelo mato para catar gravetos para fazer uma fogueira e Santhiago se ofereceu para ir com ela.

Esthefany concordou e disse que iria dormir um pouco, seguiram os dois para o mato a dentro pegando pequenos pedaços de pau e conversando, ela estava com uma saia que muito saltaram aos olhos de Santhiago que ficou olhando toda vez que ela se abaixava, ele descia o olhar mais não conseguia até que Mariana percebeu e ficou envergonhada, até que eles foram pegar um graveto e se abaixaram e sua mãos colidiram olharam um padrão outro e sem esperar um beijo selou.

Ele arrancou a roupa dela rasgando com os dentes sua calcinha e jogando suas roupas aleatoriamente naquele matagal, deitando ao chão e ele subindo encima dele, cavalgando com tanta forçar em seu pau que fazia tudo ao seu redor quebra o silêncio dos grilos, sedenta por prazer ela subia e descia na piroca enquanto ele mordia o pescoço dela marcando e deixando encarnado o botou de sua mordida, ele jogou com força ela naquele solo e abriu suas pernas e enfio dentro de sua buceta cor de chocolate a língua que fazia gemer e gritar, gozando cada vez na boca dele.

Ele começou a meter segurando as pernas para cima do seu ombro, passava as mãos sobre aqueles seios duros e gostosos e pegava na pele descendo sobre o abdômen dela e seguido o rumo da cintura que grudou concretizando a postura e comeu aquela buceta que se enchia de libido e terminaram com um suspiro que acordava a Esthefany que se assombrou, mas não fez muita conta ficaram a espera os amigos que retornava.

A fogueira que agora estava acesa e a lua se mostrava novamente depois de sair da proteção imposta pelas nuvens, se fazia um frio gostoso que os três desfrutavam de um gole de cerveja e ficaram cada vez, mas próximo Santhiago se colocou ao meio das duas e falaram de suas noites de prazeres de um passado que não era tão distante.

Mariana tomou a iniciativa e pegou na mão de Esthefany que por sua vez agarrou o pau de Santhiago, ao perceberem que os três desfrutavam de uma vontade carnal de sexo entre eles foram trocando beijos em trios, e despindo ao ar livre Santhiago beijava Esthefany enquanto Mariana chupava a buceta da amiga.

E foram trocando os papéis ele agora metia com força em Esthefany e Mariana chupava seus testículos, ala mesmo tempo Mariana tocava uma siririca e chupava os peitos da outra, por pouco tempo até que ele pegou Mariana e fez um anal naquele cú, as amigas gozavam sem parar nas carícias dos três até que Santhiago goza na bunda de Mariana e faz Esthefany chupar seu pau, e a amiga que estava ao lado mexia e remexia na buceta de sua amiga. Sentindo o dia raiar dormiram todos pelados e colados com seus corpos suados vendo o por do sol.

Autor: Thiago Sotthero IG:@thiagosotthero

Click!

Ela estava entediada, passou anos com uma pessoa insossa. Foram 15 anos pensando amar alguém que mal lhe dava prazer. Ela era menina do interior, curiosa pelos poderes do mundo, mas havia se envolvido com quem não a permitiria nada em sua curta vida! Pensando estar apaixonada se deixou levar até que uma traição descarada a fez repensar todas as suas escolhas!

O término foi conturbado e ele voltava sempre para lhe maltratar, ela estava cansada de apenas esperar! Quando se viu sozinha no quarto, chorando por alguém que nunca lhe deu o devido amor! Ela enfim acordou!

Era 24h o relógio da Cinderela batia em seu peito era hora de ser borralheira.

Suas antigas amizades já tinham seus programas e ela parecia cachorro sem coleira. Presa em casa, era noite de sexta-feira. Seguindo os conselhos de uma velha bruxa - sua terapeuta - aprendeu os poderes do auto cuidado e lembrando-se do curso de mulheres preparou um banho quente!

Ja envolvida pelo clima se despiu lentamente, apreciando o próprio corpo, sua calcinha descia aos breques até o chão do banheiro em sauna. A música da vez, escolhida a dedo, era um R&B sexy do momento, cantava "me and you" para ela e seu corpo. Era dela, aquele corpo jovem e magro.

No espelho ela se admirava como só poderia assumir escondida, mal se sentir bonita não lhe era permitida! Mas ela era linda, Tinha pernas torneadas, grossas e bronzeadas, os seios fartos, os bicos escuros num café com leite perfeitos marcados pelo sol no biquíni e a barriga negativa sem academia. Ela passou um tempo numa vibe ruim e o que lhe sobrou além das experiências foi um belo manequim 36.

Ela não era baixa, nem por isso chamava menos atenção. Tinha olhos verdes densos de uma cor mar profundos. Quem os olhava de perto enxergava a própria alma no fundo do fogo que queimava seus pensamentos. Cabelos escuros, longos e cacheados a rebeldia. Ela queria sair e iria sair só. Àquela altura a companhia não importava, ela se bastava!

À noite lhe chamava e ela só obedecia. Num óleo com cheiro de frutas se embalsamou aos próprios toques. Apreciando cada curva do corpo que abrigava sua alma agora em liberdade plena. Deixando cair sobre os tornozelos, o óleo escorreu pelos pés curvados, em referencia a ela própria se acariciava com amor. Suas mãos subiam pelas pernas lisas e macias, os dedos passeavam por si num balé perfeito, subiam e desciam em círculos, excitando os pelos de todo quadris e coxas! E que coxas!

Tão fortes e permissivas, com a cabeça entre os joelhos ela quase se via. Subia de vagar com o óleo um tanto profundo perfumava suas entranhas não vistas - sentia o cheiro se misturar ao seu. Suas nádegas em liberdade num banho bem a vontade. Ela se untava e se acariciava ciclicamente de cima para baixo, subindo e retornando! As mãos subiam em prazer, desciam em saudade.

Era tudo o que tinha e não precisava mais nada. O banheiro cheirava amor próprio e na sua banheira, em água de sereia, ela se banhou. Ao som dos seus próprios suspiros as mãos desciam pela virilha chegando ao click em vigor, passava, clicava, soltava e voltava um dedo, dois dedos, a mão e voltava de costas, descia pela barriga, escorregava pela perna e parava na pedra, voltava mais rápido - click - tocando o clitóris em chamas, subia da água, emergia em prazer, desejando qualquer ser.

Subia e voltava molhada e saía da água! Aquela pressão dos dedos das mãos no períneo - queriam entrar... e o clitóris mergulhava e uivava de dor, é vontade, é dor, é vontade, e dor, era amor, era dor, era amor, era dor, era... Era... Prazer... E logo depois de gozar já estava pronta para levantar!

Saiu do banho com pressa, a roupa escolhida ja encima da cama era uma calça justa de moletom strech, um top de lycra fino e uma camiseta justa. Sua bota de guerra já superou alguma lama e não a deixaria na mão justo agora. Tinha bico fino e salto agulha. Com o cabelo ainda molhado ela se perfumou e saiu.

Autora: Gabriela Bosan; IG:@miolos_in_love

Fêmea selvagem

O dia derretia como aço nas fábricas de inoxidados com o ar estagnado e a sensação térmica beirando os 50C°. Penny cantarolava distraída a introdução de Lonely Day do Sistem of Down em uma perfeita entonação e domínio da língua inglesa, sem sotaque algum, estava no sentada em uma grande pedra no Rio Jouff, conhecido por ser o Rio das Lavadeiras.

Era um rio extenso e quando chovia muito não tardava para transbordar e inundar aos arredores, invadindo casas vizinhas. Ao longo do rio várias lavadeiras dispersas por vários quilômetros, lavando as roupas dos maridos e dos filhos que muitas das vezes eram colhedores de fumo e alguns trabalhavam na fábrica de inoxidados.

Penny porém, era a única solteira na cidade ribeirinha de Roraima, Alameda dos Cedros.

Era muito desejada pelos homens e também para aqueles mais desventurados que queriam deixar as suas esposas, pois Penny tinha uma pele morena cor de amêndoas, olho de chocolate intenso, vibrante, deixava os cabelos sempre preso em um rabo de cavalo despojado, magra e cinturada de busto avantajado e a bunda durinha, empinadinha, que fazia seu corpo parecerem para alguns dos críticos de beleza da cidade: corpinho de violão.

As outras mulheres casadas ficavam zombando da pobre Penny, falando insultos pelas costas da moça, faziam gestos de repulsa quando ela estava perto e olhavam para ela com cara de escárnio nos rotos petulantes. Além de tudo, de morar em um pequeno vilarejo, onde as fofocas e a má fé eram transmitidas através do oxigênio e as pessoas vizinhas eram os vetores mais habilidosos nesse quesito.

Penny em contrapartida era muito animada e disposta a sorrir de maneira terna e fraterna para com os outros, até para quem queria o seu mal. Era de uma beleza natural e de modo algum era de extravagâncias, gostava das coisas mais simples e modestas. Coordenava uma pequena lojinha de departamentos de beleza e hidratação de cabelos perto de casa.

Certa vez em uma noite límpida e de ventos cálidos, ao vislumbrar o céu quando não tinha nenhum cliente na loja, Penny se depara com a visão deslumbrante e ao mesmo tempo abstrata de várias constelações e estrelas brilhando como faróis presos na órbita do espaço cósmico, estrelas cadentes piscavam no céu diáfano. Sentiu-se sozinha e insegura por um momento que pareceu durar uma eternidade.

Necessitava de carinho a afeto, também sentia desejos carnais, era uma humana, ora bolas! Despiu-se em silêncio na frente da janela que estava aberta. O vento cálido tocou seu rosto e ela se se sentiu bem e reconfortada com isso. Ficou nua.

Seu corpo nu reluzia certo brilho incandescente e brilhoso, espectral sob aquela lua cheia amarelada e flamejante no céu. Seu corpo era esguio, apesar de magra, os músculos e as gorduras bem distribuídas com extrema perfeição naquele esqueleto.

Saiu para rua. Estava estranhamente leve, e aquele brilho que, literalmente emanava de seu corpo, brilhava ainda mais enquanto caminhava. Dobrou a esquina que dava para a rua principal, a uns 200 metros do Rio Jouff.

Foi adentrando no rio vagarosamente. Penny parecia estar flutuando em outra dimensão completamente dispersa da realidade, estava em um estado onírico e de completa fantasia, rindo em hipérboles. Banhou-se. Enquanto estava na água apenas ouvindo o som fraco da correnteza nos seus peitos. Sentiu muito desejo, estava demasiadamente excitada essa noite.

Uma vontade louca de se entregar de corpo e alma a algum homem de verdade, como nunca havia sentido antes. Um rubor subiu vindo de suas entranhas e só fazia aumentar a intensidade daquele clarão que a rodeava. O clarão era dourado forte, âmbar, uma cor brilhante que formava uma fina camada aderente ao seu corpo nu, reluzia na noite.

Um homem que estava voltando da mercearia da cidade pela rua principal com suas sacolas cheias de comprar na mão, olhou intrigado para aquele brilho que parecia emergir da água do Rio Jouff e depois de hesitar um momento, resolveu ir averiguar o que era.

Ao notar na hora que chegou que era PENNY, seu coração bateu descompassadamente em seu peito, como um martelo, latejava, ardia e jurou sentir o gosto do órgão na boca. Gosto amargo. Uma brisa balançou suas sacolas e Penny virou-se rapidamente e se pôs a olhar o homem detidamente.

— Vem para cá para poder se banhar comigo, irá me fazer companhia. Estou tão só e precisando de carinho nessa noite tão clara... Falou em tom audacioso e instigador, sorrindo o tempo todo.

O homem que tinha seus 32 anos, bem feito, 1,75 de altura, musculoso e negro, pigarreou e falou uma palavra que Penny não conseguiu compreender do rio. Ele tinha dito: VOU! O homem tinha se despido e já estava entrando no rio. Um dia igual a esse o homem nunca mais teria na sua vida.

Transaram quase a noite toda. Penny transou loucamente, como uma loba no cio, desvairada, estava com muito tesão e seus desejos mais mórbidos aflorados a dominavam como uma tinta negra na água transparente. O tesão que sentia fazia aquele brilho enigmático reluzir cada vez com maior intensidade. Gemia, gritava e arranhava o homem com extrema violência que metia forte também, esbofeteando as vezes no rosto.

Quando em um ímpeto repentino de Penny, morde o pescoço do homem, cravando seus dentes duros na jugular do sujeito, lhe arrancando pele e carne que começou a sangrar muito na mesma hora, se debatia na água sentindo o sangue fluir quente e descompassadamente no seu pescoço. Penny agarrou-o novamente pelos braços e cravou seus dentes novamente no outro lado do pescoço do homem que se debatia desesperadamente para se desvencilhar daqueles dentes assassinos.

Penny olha a cena aterradora e toda suja de sangue, lambe os lábios e sorri satisfeita, mergulhando no rio novamente para se lavar. O corpo do homem relaxa, fica boiando. Penny ainda reluzente arrasta o corpo com muita dificuldade ate a outra margem do rio, onde muitas covas já haviam sido preparadas por ela, simetricamente. Fundas 5 metros de profundidade com 2,5 de largura.

Atira o homem em uma dessas covas, que cai fazendo um barulho seco lá no fundo. Penny dá mais uma olhada para ver se o indivíduo esta morta e com uma pá que estava escondida atrás de outra cova, cobre o corpo com terra cautelosamente, de hora em hora olhando para outra margem do rio para ver se avistava alguém.

Feito todo esse procedimento ainda disfarça o buraco com algumas folhas secas. Perfeito! Pensa ela dando por satisfeita, triunfante.

Atravessou o rio. Na vila ainda todos dormiam pesadamente. E por anos foi assim. Homens do vilarejo, casados, solteiros, magros ou gordos, de todas as raças e estilos estavam desaparecendo misteriosamente e tão rápido como as folhas das árvores em pleno outono.

A cidadezinha acionou um sinal de alerta para seus moradores e entraram em calamidade pública, alegando que havia um ou mais seriais Killers rondando a cidade. A polícia local até hoje tenta descobrir o que causou a morte de tantos homens de maneiras brutais e desumanas. Era um caso de alta complexidade para as autoridades...

Penny ainda ficava atrás de seu balcão envernizada na loja de departamentos de beleza, bem organizado e arrumado, olhava as pessoas através da vitrine suja e ali atrás do balcão tinha todo o tempo do mundo para analisar detalhadamente os homens e assim poder escolher a sua próxima vítima: cor do cabelo, cor dos olhos, fisionomia, se eram musculosos ou não, avaliava também o volume sob a calça.

Analisava tudo isso cautelosamente e despreocupada com o mundo lá fora, comparava cada característica particular. Todos os dias à noite ansiava pela vinda daquele brilho misterioso e hipnótico que à dominava por completo e a enchia de desejos e vigor, para enfim poder se saciar de sangue.

Autor: Jailson Oliveira; IG: @ jaailson_mc

O poeta Famoso

O mundo eclodia cobras por toda a parte, e era inevitável não cruzar com esse tipo de gente nas ruas. Está uma tarde abafada, prodigiosa, as nuvens escuras se postavam insolentes sobre um céu de chumbo, mas nenhuma gota sequer caíra, o tempo, pois, seguia inalterado e uma leve brisa noroeste insistia em soprar as venezianas, imperceptivelmente.

Eu a muito tempo que moro sozinho, isolado e escrevendo poesias e contos, me entremeando por meio de histórias que eu mesmo crio e vivendo vidas de personagens miseráveis.

A cidade se chama Vale do Encantamento, porém de encantador não há absolutamente nada: as florestas de ipês, wisterias, mangueiras e carvalhos há muito tempo já haviam sido desmatados, pelos parasitas denominados de humanos. Restam apenas alguns poucos carvalhos, moscados, castigados pelos vendavais.

Meu casebre veja só, era afastada de uns 5 km da cidadezinha, um enorme carvalho centenário vigiava a minha casa. Não há nada mais amedrontador do que ouvir a brisa batente nas madeiras gastas da casa e ter apenas isso, apenas um lapso de sentimento, remorso, e nada de pessoas, o vento hoje é o amigo mais próximo que tenho.

Enquanto eu ouvia a brisa açoitar as paredes, levantei-me da poltrona velha eu que eu estava acomodado e fui até o banheiro. Olhei-me no espelho e me deparei apenas com a carcaça moribunda e esquálida, de aspecto pálido, meus olhos eram morteiros e com um brilho fosco de gente morta, que também é muito característico de pessoas insanas. Eu olhava para meu reflexo, mas não conseguia me encontrar com ele, eu o desconhecia por completo. Sentia-me doente. Fraco.

Veja, pois que eu liguei a água da torneira, lavei a cara, urinei e dei uma cagada e fui procurar um exemplar de Franz Kafka: A Metamorfose. Grande pensamento Kafkiano! Talvez eu me inspirasse na transformação do personagem para um enorme inseto. Pois, um belo dia um jovem acorda na cama metamorfoseado de um inseto gigante! Eu já devia estar metamorfoseado há muito tempo, deve ser por isso que não reconheci o sujeito do outro lado do espelho.

Há muita coisa ruim acontecendo no mundo, isso todo mundo já ta ciente, os desastres naturais, a crueldade humana, dominada por seus egos fragilizados e excitados demais, e as poucas pessoas boas que ainda restam se não serem intrinsicamente seguras de seus atos, vão acabar, consequentemente contaminando-se.

Mas por fim meus devaneios sempre insistem em me atormentarem a esse horário e ficarem horas a fio indagando-me sobre a minha pobre existência, que quanto mais percebo que existo, mais eu me desapareço.

Acho que Sartre não iria gostar nada dessa minha frase se ele algum dia lesse. Já faltava pouco tempo para anoitecer, eu estava em uma profunda e completa meditação já tinha uma hora, quando algumas batidas na porta me despertam de minha letargia. Um tanto surpreso e inquieto agora, dei um pulo da velha poltrona. Quem seria agora? Lentamente fui até a porta perguntando para mim mesmo se não seria a visita sublime da morte com sua garbosa foice e sua esplendida capa preta?!

As batidas eram suaves, quase inaudíveis. Entreabri a porta e parada na soleira, uma senhora de aspecto narcisista, ostentava um opulento vestido preto com um broche de bronze acima do peito com a logo de uma Universidade. Tinha cabelos grisalhos e olhos muito negros, pele esbranquiçada, como se estivesse pálida, lábios com uma camada fina de batom vermelho, mas o semblante permanecia severo.

— Olá! Falei depois de languidos 40 segundos de silêncio.

— Boa tarde senhor! É, hum, onde posso encontrar o senhor Jimmy Oliver?

— Olha, vai depender muito. Digamos, se o assunto em pauta for algum tipo de cobrança, certamente que ele aqui não se encontra. A velha com sua elegância ergueu sutilmente a sobrancelha esquerda, ponderando a minha afirmação.

— Você é ou não é Jimmy Oliver? Vamos, me responda com sinceridade absoluta!

Fiquei de saco cheio da velha e disse que eu era o Morgan Freeman, apesar de eu não ser negro. A senhora ficou ruborizada e gaguejou alguns monossílabos sibilantes.

— Porra! Sou sim a porra do Jimmy Oliver, mas faz o favor de não me chamar de "senhor" me chama apenas de Jim, sabe como é, a galera me conhece assim. Mas, como você foi me encontrar aqui?

— Tenho meus meios de rastreamento de idiotas. Retrucou.

— Me chamo Laurence Mayer Slim, sou a coordenadora do curso de Letras da Escola Superior do Vale do encantamento, vim até aqui, para cordialmente, se possível, lhe fazer um convite para estar participando de um sarau universitário que vai acontecer amanhã na universidade.

Falava em um tom cauteloso e volta e meia averiguava meu pau por sob a calça de malha fina.

— Tá certo, mas, não querendo ser de modo inconveniente com a pergunta, mas me vejo na extrema obrigação de fazê-la. Vai ter algum cachê?

Ela apenas disse: Você não pode ser de maneira alguma aquele tal poeta famoso de que a Leyde tanto fala na Escola. Dessa vez eu saio repentinamente a passos largos e me desloquei até uma modesta escrivaninha onde lá estava descansando a minha Olivetti Lettera 82, deixando a coordenadora Laurence a mercê de um vácuo supremo, com o semblante de perplexidade. Procurei a minha carteira de identidade, afinal de contas somos apenas nomes escritos em uma cédula, não é mesmo? Enfim, em dois minutos eu ja esfregava a carteira na cara dela.

— Mas, mas, o que é isso, está bêbado? Seu porco bêbado! Pare imediatamente já com isso! Que atitude mais infantil, Jim. Esbravejou, saltando alguns resquícios de saliva.

Depois de um segundo inspirou e expirou de maneira solene e suave e teve a certeza de que eu era o tal poeta famoso. E então relaxou seus músculos tencionados pelo stress e por fim disse mais calmamente:

— Vamos, quer dizer, lhe permita lhe dizer que sua aparência está horrível! Precisamos urgente dar algum jeito nisso, se for possível é claro.

Com a mão esquerda apoiada no queixo, me analisou detidamente por um momento, minunciosamente (sem deixar de olhar para meu pênis). Volto já. Disse ela e saiu apressada.

Dessa vez fui a que fiquei plantado onde eu estava com cara de cu esperando. Trouxe consigo, junto de um guarda-chuva, por que as nuvens antes carregadas começavam a se esvair bruscamente, uma bolsa de couro e quando chegou ofegante demais para dizer alguma coisa, jogou para mim a bolsa de couro, que caiu pesadamente sobre meus pés.

— Mas que porra é essa?

— Dentro dessa bolsa tem trajes chiques, alguns ternos, camisas, gravatas e tudo mais, apesar de serem modestos, serão capazes de te colocar em outro patamar de aparência. Isso faz mendigos virarem reis!

Fingi esboçar um sorriso. Peguei a bolsa e vesti algumas daquelas porcarias. Sai do banheiro depois de algum tempo. Ela estava parada na frente da janela engordurada, olhando o matagal se serpenteava a casa, agora bem alto.

— Isso aqui você herdou do seu avô? Eu lhe indaguei em uma desaprovação cômica.

Era um terno cinza desbotado, um pouco largo abaixo das axilas, uma camisa social floreada e a gravata preta juntamente são claro com as calças cinza como o tempo que se faz agora. Os calçados, até que eram razoáveis.

— Seu mal-agradecido! Como pode um grande ascensor da literatura local ser tão turrão e mal-humorado como o senhor? Digo Jim. Ela tinha uma covinha quando sorria, e de repente essa covinha se fez aparecer, e agora com a musculatura mais relaxada e de maneira quase matriarcal disse:

— Amanhã às 19h. Rua Das Alamedas Rosáceas. Centro. Prédio branco e azul, ESRE. N4098. Tenho um projeto de incentivo para jovens escritores locais e designo todo mês um recital ou um sarau, com vários poetas locais, mas, não é nada tão auspicioso para mim em ter que lhe admitir que você é o principal poeta desse mês.

— Porra! Que Merda! Veja bem, Jimmy Oliver! Eu sou o Melhor Poeta da Atualidade! Disse.

Laurence fez uma careta desgostosa e disse adeus.

— ADEUS QUERIDA LAURENCE BONECA. Espera aí, não posso saber o valor desse tal cachê? Eu acho muito justo, afinal de contas sou o melhor, como você mesmo afirmou agora a pouco.

— Ok. Vai ser um cheque de R$ 350,00, portanto tem um limite de uma hora para recitar as suas poesias.

— Entendi, entendi perfeitamente! Estarei lá.

Ela por fim virou as costas e saiu apressada como nunca, se perdendo naquele tempo neon e cinza. A noite embebedei-me de vinho do porto que ainda havia no fundo do armário escondido de mim mesmo e fui dormir cantarolando Exagerado do Cazuza.

Acordei no outro dia às 16 horas, com uma fome voraz vindo do âmago como uma força sobrenatural, eu não tinha nada para comer, ultima coisa de que me alimentei foi de algumas mangas e eu estava demasiadamente longe de tudo. Mas decidi que nada nesse dia poderia me abalar, e quando uma inquietação se apoderou de meu espirito de maneira repentina, eu saio de casa e abri a porta de meu Chevette 2000 e entrei, liguei e acelerei (com certa dificuldade para isso) para a maldita Universidade.

Era 17:47 quando eu cheguei lá. Ainda faltava muito tempo para eu me apresentar e resolvi ir ao bar que ficava acoplado com o prédio da Faculdade, estava lotado, e não suporto lugares cheios, mas acabei achando um assento e pedi para o garçom me trazer uísque e água.

Me trouxe e eu emborquei de uma vez só o uísque, pedindo mais uma dose dupla e fui bebericando minha água. Nessa hora uma mulher bonita, esguia, cheirosa de olhos de mel, sentou-se do meu lado e encostando seus peitos grandes e firme em mim disse: Você poderia passar despercebido por qualquer uma, mas não para mim que sei quem você é!

Uma voz feminina e perspicaz. Virei-me e olhei a bela mulher que em minha frente se apresentava! Um rosto simétrico, onde parecia se encaixar tudo, seu sorriso irradiante e natural se demonstrava de maneira sincera e era indubitavelmente muito gostosa!

Que corpo escultural tinha essa diaba! Boca esplêndida de lábios fartos usava uns óculos discreto e um par de brincos de basalto. Gostei disso, pensei.

— Mas eu nunca vi você, boneca. Falei um tanto surpreso.

Estava usando um vestido preto, que não era apertado, mas ficava acima dos joelhos e mostravam suas belas coxas grossas, e sua bunda me dava vontade de dar uns tapas só de olhar... Todo o vestido se delineava com perfeccionismo ao seu belo corpo e a sua bela bunda e peitos!

Seus olhos cor de areia me fitavam com curiosidade e animação arguta de menina. Tinha a bunda mais gostosa do que qualquer uma de que já vi! Quero ser enclausurado em uma jaula de aço inoxidável se eu estiver falando alguma mentira, mas ainda não era isso que me fascinava...

Pegou na minha mão já que eu havia paralisado admirando a sua beleza extraordinária, talvez fosse aqueles óculos caídos, e ela me olhando por sobre os óculos que estavam me deixando com tesão ou era aqueles olhinhos amendoados contendo audácia em seu olhar, me levou para fora do bar. Então pude notar com mais clareza seu olhar sutil e intrigante de uma mulher extremamente sexy. Mais que isso, sabia que era sexy, sabia que atraí a atenção dos marmanjos, mas mantinha a classe, acima de tudo.

As pessoas passavam todas apressadas e com o foco disperso nos seus Iphones e tablets, rindo alto, mascando seus chicletes e fumando seus Malboros fétidos, alguns gritando, uns chorando, um pandemônio tão natural e particular em que eu sentia um resquício de nostalgia. Nada daquilo fazia algum sentido para mim.

— Eu leciono Letras, começou a linda professora com um sotaque sulista carregado, sua voz era um pouco grave, o que dava a ela um ar de gente da mais alta sociedade quando se pronunciava.

— Como pode ver agora nesse momento perceber, fui eu quem infernizou a coordenadora a ir te procurar, fui eu mesma que te indiquei e ainda disse para corroborar que você é um poeta famoso. Não tanto quanto Doistoiévsky ou E.Hemingway, mas sim como um Sérgio Napp.

Na verdade Jim faz algum tempo que permaneço à sua sombra, eu sei toda a sua obra, tenho todos os livros que foram publicados de você, e para mim, não tem ninguém que escrava uma verdadeira poesia como você escreve.

— Não seja benevolente comigo, é, devo chamar você como mesmo?

Ela sorriu novamente e corou. Desculpa. Chamo-me Leidy Wincherth, dou aula aqui já tem 5 anos.

— A poesia perde feio para a sua beleza íntima, Leidy. Retruquei.

— Como se isso fosse realmente possível. Deu um sorriso largo e desleixado. Achei que você era mais acabado. Disse ela por fim. Até que está bonito e bem arrumado! E desatou a rir.

Nisso comecei a olhar para sua linda bunda, nóis estávamos caminhando bem a vontade, sem compromissos e já havíamos nos afastado do bar, estávamos no pátio posterior da Universidade.

Não tinha alunos nesse lado, pelo menos, aparentemente, não. Enquanto ela caminhava eu ia admirando aquele rabo! Eu não me sentia confortável no terno, era um inferno. Depois de mais alguns metros, Leidy entrou em um cubículo, provavelmente era a sala onde ficavam guardados os rodos das serventes da escola. Ela estava ofegante.

— Aqui é aonde eu venho ler seus livros, tenho alguns aqui mesmo escondidos. Olha esse, A morte da Esperança nas Ruas, O arrombo do Governo na Pobreza e Mulheres Sacanas, gostam de bananas. Tenho mais, de poesias, mas estão todos em casa. Ela falava encostando aqueles peitos em mim, não usava sutiã, e eu já não sabia mais o que fazer, estava ficando de pau duro ali com ela, sozinhos.

— Eu também leio Ezra Pound, Aghata Christie, Jack Kerouc, Charles Bukowski.

— Leidy? Perguntei, cortando abruptamente sua conversa sobre literatura.

— O que foi Jim?

— Me deixa dar uma espiada na cor da sua calcinha, minha grande aspirante da Língua Portuguesa.

— Jim, assim você me deixa encabulada... Mas aqui agora dentro desse quartinho, está ficando quente e está começando a subir um rubor...

— Vai deixa! Olhei para ela de cima abaixo com uma sobrancelha elevada. Ela ponderou mais alguns instantes e sorriu de maneira tímida. Assim que eu gosto, pensei. E foi subindo seu vestido devagar...

Foi uma visão surreal ali naquele cubículo, eu com uma das mulheres mais gostosas do planeta. Estava com um fio dental preto e sua bucetinha já estava encharcada. Pedi para dar uma voltinha. Ela deu.

Vi sua calcinha atolada naquele rabo. Desatolei para ela, e dei uma tapa na bunda de leve, era firme, tesuda demais, grande, sem espaço na saleta apertada, sua bunda encostava agora no pau ereto por sob a calça.

— Sua calcinha é como um soneto. Eu disse. Pequeno, mas que contém um conteúdo inimaginável! Dito isso, agarrei-a rapidamente, prendendo-a em meus braços, com uma certa violência, fazendo cair vários rodos e livros pelo chão, não a soltei, beijei aquela boca farta de lábios carnudos, chupando sua língua com intensidade e vice-versa. Um beijo quente, molhado, Leidy soltava pequenos gemidos e então me afastei, tirou aquela porra de terno barato e já fui jogando a calça para o lado também, estava sem cueca, como de hábito.

— Nossa! Exclamou Leidy. É grandão e grosso, todo torto e cheio de veias! Falava isso quase sussurrando, em gemidos abafados. Eu quero sentir ele todo dentro de mim!

Peguei-a com mais força agora, entrelaçando-a pelo pescoço. Peguei de trás, de maneira que a meu braço ficava em seu pescoço e minha mão na sua boca, ela chupava meus dedos. Estava com tesão. Comecei a chamar no ouvido dela de minha putinha safada, minha puta, minha vadia.

— A poesia é a puta dos Sábios! Você é toda poesia por inteiro e virando ela de 4 para mim comecei a bater com o meu pau duro na bunda dela que gemia mais alto e chamava meu nome, pedindo pra eu bater mais, e eu batia, gostava de dar uma surra de pau duro. E ainda mais nessa bunda grande!

— Me come, Jim!

— Vou foder você com força agora, do jeito que eu gosto, minha professora predileta, mas antes você vai ter que chupar meu pau com vontade. Na mesma hora me olhou por sobre os óculos e passou a língua nos lábios, esse jeito dela me arrepiou e meu pau parecia explodir de tanto tesão. Foi descendo a sua boca, primeira na minha barriga e logo abocanhou a cabeça por inteiro segurando com as mãos a extensão de meu cacete e começou a acariciar minhas bolas.

Eu gemia como um louco desvairado, ela gostava, se afogava, cuspia em cima, se lambuzava.

— Isso, vai minha putinha, chupa com essa boquinha carnuda gostosa! Tirei meu pau para fora da boca dela e dei umas batidas no rosto dela.

— Bate, bate.

Dizia, e abria a boquinha sedenta por leitinho. Bati mais algumas vezes. Ela permaneceu de 4 no chão e eu pulei para trás dela novamente, agarrando sua cintura com as mão, prendendo ela e coloquei minha cabeça no meio daquela bunda e comecei a lamber seu cuzinho devagar, alternava no cuzinho e na bucetinha, no clitóris, massageava com a língua e Leidy gemia alto e incontrolavelmente se contorcia em profundo prazer mórbido, rebolava aquele rabo na minha cara enquanto eu passava a língua naquela bucetinha rosadinha e então os músculos dela se retesaram por um momento e depois relaxaram consequentemente, e então percebi que tinha gozado na minha boca, aquele mel divino!

Dessa vez montei em cima dela e meti tão profundamente o quanto podia, devo ter chegado no útero dela, muito profundo e quente, era muito apertada e me dava muito tesão isso, que comecei a estapear sua bunda com força. Soquei tudo dentro naquele ritmo repetitivo do vai e vem e depois me esgueirando por sobre os rodos, consegui sentar em uma prateleira, não se, fazer um estrondo estridente, e então a puxei que sentou no meu pau de costas, dessa vez ela cavalgava com gosto, gemendo alto, ofegante, ritmado, deslizando fazendo aquele som propício da estocada dentro da bucetinha molhada, e nesse ritmo a fiz gozar pela segunda vez, tirei meu pau pra fora e fiz ela chupar de novo, gozei dentro da boca dela que engoliu prontamente minha porra, não deixando nenhuma gotinha sair da boca e me olhou com cara de satisfeita, com aquele olhar penetrante e disse: Eis o que houve aqui é o sentido mais puro da Poesia: o sentido do desejo insaciável por prazer, amor, paixão, desgraça, que é tão efêmero quanto um vagalume na noite escura, um início repentino e um final improvável.

Ficamos ali em silêncio, ofegantes e abraçados completamente pelados. Então nos vestimos em silêncio ainda e ela disse espantada:

— Minha Nossa Senhora Aparecida! Ande que eu ainda quero ver Jimmy Oliver recitar suas poesias aqui na Universidade. Já são 19:15. E saiu assim subitamente, me deixando naquela salinha na penumbra. Então compreendi quando disse que tinha sido o sentido mais puro da Poesia, justamente pelo simples fato de que as situações simplesmente acontecem e ninguém pode prever o que vai vir ou o que irá acontecer, apenas sentimos, e isso é tudo. Fiquei refletindo sobre isso algum tempo ali sozinho, olhando para os rodos caídos no chão, parecia ter passado um tufão por aquele cubículo.

Bom, saí de lá e caminhei lentamente em direção ao local da apresentação que ia ser no auditório, enquanto eu ia olhando aquelas pessoas todas sem rostos, sem olhos, sem bocas e sem emoções passarem para lugar algum, compreendi que o futuro é apenas uma consequência do que fizemos no presente e não sabemos o que há de vir, mas ao menos, agora eu tinha certeza e alguma coisa: Leidy Wincherth estaria lá no meio da plateia para me ver, me permiti um sorriso sincero, mesmo depois de muito tempo. Então me dirigi até o bar para firmar meu pulso e ir declamar minhas poesias.

Autor: Jailson Oliveira; IG: @ jaailson_mc

Rock do Diabo/Kátia Flávia

Rock´n´roll e blues sempre foram os meus ritmos musicais preferidos. AC/DC e Led Zeppelin me levavam a lucubrações loucas. Eu tinha a sensação de poderio absoluto quando embalava meus sonhos e pensamentos ao ritmo alucinante do rock. O rock sempre me elevou a dimensões interplanetárias e espirituais. Meus pais queriam me matar quando eu era jovem, cabeludo e roqueiro, além de mulherengo incorrigível.

A receita rock, sexo e drogas, não eram seguidos à risca por mim. Rock e sexo, muito sexo, eu cumpria tudo numa boa, mas drogas não era a minha praia e o que sofri de discriminação e gozação por parte dos amigos drogados, não esta no roteiro, mas eu tirava de letra. Sagaz e inteligente sabia dialogar e explicar minha aversão pelas drogas.

No fim do papo acabava compreendido e aceito na turma roqueira. Eu sempre objetivo dizia: um homem inteligente não necessita de droga nenhuma, ele já é louco por natureza. Quem precisa de subterfúgio tem problema mental. Entre os cantores brasileiros, que na época só se salvavam Os Mutantes, Secos & Molhados, Made in Brazil e o maior dentre eles todos, Raul Seixas, esse sim era o meu ídolo maior do rock tupiniquim.

Eu adorava a música Rock do Diabo, justamente porque tocava na minha paixão maior, o vampirismo e temas demoníacos. Conde Drácula e Raul Seixas me fascinava a mente. E as menininhas daquela época, ninfetas loucas para trepar, se escondiam fingindo-se de puras.

Elas passavam a falsa ideia de odiarem os garotos roqueiros e cabeludos, mas no pego para capar, no sigilo mesmo das alcovas, elas se abriam todas e trepavam feito mulheres experientes, adoravam os meninos roqueiros e fingiam odiá-los por causa da repressão dos pais e da sociedade sempre imbecil.

Quantas delas comi não me lembro mais, sob fundo musical estranho, rock e frases que eu copiava dos filmes de vampiros, me enterrei em muitos ânus femininos, porque havia garotas que não entregavam a bucetinha nem a peso de ouro, queriam se casar virgens.

A solução era sempre meter no ânus delas. Cada qual mais putinha que a outra. Abigail adorava dar o rabinho e chegava a orgasmos interplanetários e indizíveis. Gabi, moreninha jambo, mais apetitosa do que uma taça de vinho de boa safra, quando trepava comigo, gritava e grunhia feito uma fera no cio e implorava para que eu a deixasse defecar em meu cacete, mesmo meio enojado, eu permitia tal indecência porque Gabi era mesmo um demo de mulher.

Raquel adorava trepar em frente a um espelho enorme e quando me cavalgava feito uma amazona, me implorava para que tocasse alto a música Kátia Flávia, pois se sentia a tal Godiva do Irajá. Vacas, todas elas se casaram depois, algumas se transformaram em mulheres sérias e mães honradas. Outras se tornaram ainda mais galinhas, adulteras e continuam até hoje, mesmo cinquentenárias, dando mais que chuchu na cerca do vizinho.

Foi justamente uma música composta por Raul Seixas e pelo hoje, Best-seller Paulo Coelho, a quem eu chamo de (Bosta-seller) e gravada em 1975 no LP NOVO AEON, Rock do Diabo, que me levou ao mais fundo dos lamaçais sexuais e a uma paixão estarrecedora e tétrica, vivida há mais de 20 anos, quando eu ainda cheirava à adolescência.

Jezebel era uma mulher estonteante, quando a vislumbrei vez primeira, senti como que se meu coração sofresse um mal súbito. Sem que eu pudesse controlar minha avidez sexual de jovem, meu falo armou a lona do circo e parecia querer saltar ou rasgar minha roupa.

Abigail cheirava à sexo, à alfazema e estava radiante em seu vestidinho curto de seda cáqui. My father, my God, que pernas! Parecia duas colunas de mármore carrara, daquelas com que Salomão descrevera as pernas de sua amada no Livro de Cantares. Lábios carnudos e seios apetitosos, capazes de levantar qualquer cadáver e fazer tremer os santos mais santos em seus altares.

Eu estava com o som ligado nos mais altos decibéis, incomodando a vizinhança que não cessava de me vociferar desaforos e eu nem aí com aquela gente infeliz, sim, porque a pessoa que se incomoda com música alta, certamente não passa de uma pessoa infeliz e sem nenhum sentimento, possui um seixo no lugar do coração.

Eu ouvia na varanda de minha simples casa, em alto e bom som, a música Rock do Diabo, da lavra poética e musical do maluco beleza, mas no exato instante em que aquela tentação passava, eu tinha mudado o disco, sim, disco, LP, alguém sabe hoje, entre esses jovens babacas o que era um LP? Houvera trocado Rock do Diabo por uma música que na época fazia muito sucesso: Kátia Flávia, do esquisitão, mas ótimo ou supimpa Fausto Fawcet.

Para os jovens de hoje que se acham os bons e moderninhos ouvindo essa avalanche de merdas musicais, faço questão de colocar abaixo a letra desta canção supimpa do Fausto e que desencadeou a maior paixão que já vivi e minha internação em um manicômio por longos anos para tratamento psiquiátrico e espiritual.

Kátia Flávia
Fausto Fawcett

``*Kátia Flávia*
É uma louraça belzebu, provocante
Uma louraça Lúcifer, gostosona
Uma louraça Satanás, gostosona e provocante
Que só usa calcinhas comestíveis e calcinhas
bélicas...

Jezebel era mesmo uma louraça belzebu, seu nome já tinha um forte elo demoníaco, mas hipnotizante. Nunca a tinha visto, sua beleza era algo estranho, inexplicável. Sua fisionomia bastante estranha, mas lindamente cativante, pois, tão logo se aproximou do portão de minha casa, parou e sorriu. Meu Deus, aquele sorriso me deu uma sensação de poderio como homem. Ela sorria para mim? Estacou no portão e me chamou: Ei, cara, chega aí, por favor!

— Se arvore em dizer o que quer princesa do Hades, respondi cheio de pompa e querendo mostrar que sabia das coisas. Princesa do Hades? Tá maluco, Brothers, você nem me conhece e já vem com esse palavreado difícil? Tá legal, linda, diga o que você quer se acaso não quiser feliz eu serei seu nada...

— Chiii, corta essa, tudo o que cê diz é assim, cheio de frases de músicas do maluco Raul Seixas? O que é que cê vê nesse louco?

— Louco? Como você sabe que gosto tanto do som do Raul?

— Ora, cara, eu vinha vindo lá atrás a uns cinco quarteirões e ouvia Raul, agora, parece proposital, você me viu vindo nessa direção e mudou o som, colocou Kátia Flávia? É para me provocar? Só porque percebeu que eu passaria aqui em frente a sua casa?

— Nada a ver, lindona, eu coloquei a música porque curto pra caramba...

— Pare de me chamar de lindona, se liga... E essa de mudar de Raul Seixas pra Fausto Fawcet, cê não acha ridículo?

— Ué, cê quer que eu te chame do que? De apetitosa como a Kátia Flávia? Não existem outros prismas para te classificar, gata. E tem mais, acho até ridículo mudar de Raul pra Fausto, mas para mim é assim mesmo, música não tem distinção nem fronteira, só precisa ser boa.

— Pris... O quê? Dá um tempo, fala a minha língua, e pare de me chamar de gostosa e lindona, fico encabulada. Mas vi que cê manja mesmo, música é isso mesmo, tem de ser bem-feita e essa tal de Kátia Flávia me fascina, é a minha biografia.

— Sinto muito, cê é mais do que isso, deusa. O quê? Essa coisa aí é a sua biografia? Meu pai do céu, que sorte a minha...

— Deusa? Eu pensei que cê preferia mais o som do Raul a mulheres, nunca vi você com namoradas.

— Ê peraí, gata, cê esta insinuando que eu não gosto de mulheres? Tá babando?

— E gosta mesmo?

— Só se a mulher for parecida com a estrela e deliciosa como tu... Aí, deixo meu Raul Seixas de lado, passo a abominá-lo.

— Duvido, corre a língua solta que você só pensa em Raul e não quer saber de mulheres, dizem até que você é meio ligado a coisas demoníacas, tenho medo disso.

— Penso muito em Raul sim, é o melhor, mas por uma gostosa do seu naipe eu abandonaria Raul e minhas pesquisas sobre vampirismo, Drácula e o demônio. E essa coisa de que eu não gosto de mulheres já está me ofendendo, lindona.

— Como é que é? Cê está doido me falando essas baboseiras? Tá pensando que sou o quê?

— Ora, foi você quem me provocou, ô Kátia Flávia...

— Vamos fazer o seguinte? Tô sozinho em casa, ô apetitosa, quer chegar mais e dar uma olhada na minha coleção de discos, revistas e livros de rock? A casa é sua.

E para meu prazer de rocker, Jezebel não se fez de rogada, quis conhecer imediatamente minha coleção de discos, que, modéstia à parte era uma das maiores em toda a cidade. Ela me perguntou se eu tinha discos do AC/DC, Led Zeppelin, Black Sabath, Beatles e por aí afora, desfiou uma lista enorme de nomes e eu, embevecido, confirmava ter tudo o que ela mencionava. Jezebel deu um gritinho que me fez rodopiar a alma de loucura.

Ela entrou portão adentro e embocamos direto para o meu quarto onde eu guardava a sete chaves minhas revistas, livros e discos. Ela pulava e gritava a cada disco que ela encontrou a cada revista e livro que folheava. Mas estava preocupado com a chegada de alguém, meu pai podia aparecer, minha mãe não iria gostar de vê-la ali sozinha comigo, mas que ela tinha vontade de ficar ali para sempre vendo aquilo tudo que ela mais amava: rock´n´roll e gibis do Conde Drácula.

Linda, magnânima, estrela, fique o quanto quiser e se aparecer alguém, coisa que não ocorrerá tão cedo, fique tranquila, você surpreenderá a todos, você é contagiante.

Jezebel folheava um gibi, edição especial do Conde Drácula e se dizia apaixonada por estórias de vampiros e que seria capaz, se fosse real, de fazer amor com o Conde Drácula e o serviria por toda a eternidade. E eu sempre afoito e louco por aquela divindade feminina, imediatamente completava:

Ô linda, faça de mim o seu Conde Drácula e me sirva por toda a eternidade. Apossei-me de uma cruz enorme que eu guardava dentro do meu baú, toda cravejada de pedras vermelhas e uma capa idêntica a usada pelo Conde Drácula e fingi enfeitiçá-la. Jezebel se assustou, mas logo se recompôs hipnotizada diante daqueles apetrechos vampirescos e implorou para que eu a presenteasse com aquelas coisas que para mim eram verdadeiros tesouros e que muitas vezes foram motivo de brigas terríveis entre eu e meu pai.

Meu pai me achava um débil mental por perder tempo atrás de rock´n´roll e dessas coisas infernais, me considerava um herege, mas eu até que entendia sua estupidez de religioso fanático e não me importava com suas constantes críticas. Então, diante da insistência de Jezebel, que a esta altura da fomentação da minha libido, houvera se soltado totalmente e sentara-se em minha cama embevecida diante de tanta coisa que eu expunha diante dela, nem notara que suas coxas estavam totalmente à mostra me enfeitiçando e me matando de tesão.

Conforme ela se inclinava para pegar um disco ou revista ou livro sobre a cama, eu via deslumbrados sua calcinha preta e nacos de sua nádega alva como a neve, pois a cada movimento inusitado que ela fazia, sem perceber seu vestidinho curto subia mais e mais. Se eu não tivesse um cérebro educado e inteligente teria cometido uma loucura. Repentinamente, Jezebel falou com uma voz meio cadavérica e cheia de languidez:

— Eu sou vampira e adoro sugar homens. Eu sou uma louraça Lúcifer, Louraça Belzebù!

— Gata, você tem razão, que louraça Lúcifer você é, me leve para o seu reino e me sugue todo...

— Eh, paradinho aí, ô tarado, eu tô só zoando, falou?

— Ah, mina, você é demais e sabe disso. Você é mesmo uma tentação.

— Eu adoro esse lance de vampiro, ela tascou, mas ao mesmo tempo só tem uma coisa neles que me enoja, com tanta coisa para sugar numa mulher vão sugar logo o sangue delas? Será que eles sugariam uma mulher menstruada?

— Peraí, vai me dizer que você tá menstruada pra perguntar isso? E você tem razão, com tanta coisa para sugar numa mulher e eles vão sugar sangue... Se bem que uma mulher linda e deliciosa como você, qualquer vampiro te sugaria mesmo menstruada e com que prazer...

— Sai pra lá ô seu nojento...

— Eu te sugaria toda menstruada.

— Para, que coisa nojenta, cê é louco mesmo, hein?

— Pague para ver que eu aposto

— Duvido, olha que eu tô um pouquinho menstruada ainda, a fase já está passando, é o último dia, tá descendo um tiquinho ainda, mas eu duvido que você tenha esta coragem e ousadia.

— Mina, eu sou vampiro, sigo à risca tudo o que os vampiros realizam você mesmo menstruada deve ser uma delícia. Caí de boca e de coração. Imediatamente eu disse a Abigail: Olhe mina, se você me deixar lambê-la todinha e me deixar fazer amor com você, eu dou de presente todos os meus discos e livros e revistas e ainda me caso com você e te amo para toda vida.

— Ê corta essa de casamento, tá doente, essa de amor eterno foi mesmo um pé no saco, cê que parece tão inteligente ainda acredita nessa porra?

— Sem amor, gata, o ódio e o desrespeito imperam sobre a vida humana.

— Eu não amo ninguém, eu faço amor com todos...

— Ah, eu sabia, nem te conheço e você parou aqui com desculpa da música alta, entrou e foi verborrágica, mas eu amei você desde quando a vi chegando, tudo aqui é seu se você me deixar apenas chupar seus peitinhos e me tocar uma bronha agora.

— Epa, gato, peraí, vai com calma que eu quero mesmo é prazer, nada de pressa, por ser apressada deixei essa vida antes do tempo determinado.

Eu nem prestei atenção quando ela falou as últimas palavras... Bem depois é que entendi tudo, que peça o destino havia me pregado. Jezebel, ou o anjo demoníaco, de repente me pediu toda manhosa que colocasse no aparelho de som, que há tempo estava mudo e já era a segunda vez que ela me lembrava sobre o som que acabara, mas encantado diante de tão vampiresca beleza eu nem estava aí com o som, que eu colocasse para tocar, além de Rock do Diabo, pois ela iria fazer o Diabo comigo e também a música do Raul que ela mais amava, Magia de Amor, uma ode raulseixista ao Conde Drácula.

Atendi aos tropeços nos móveis do meu quarto ao pedido daquela ninfa de Monet. Som alto e Jezebel, quando retornei da minha empreitada musical estava só de calcinha. Pelos caninos de Drácula, pelo tridente de Lúcifer, hoje eu vou morrer de prazer. Jezebel se atirou em meus braços e sussurrou: Vem, meu menino louco e agarrou meu pênis com tamanha sofreguidão, que sem perceber eu já estava totalmente nu.

Seus lábios carnudos e sua voz indecifravelmente de outro mundo, rosnavam como uma cadela no cio. Quando, sem mais conter meu desejo, entrei inteiro dentro daquela caverna já toda umedecida e escorrendo desejo, ouvi estarrecido trovoado arrepiante e o tempo, que antes estava fervendo pelo calor insuportável, que dava a impressão de o Sol ter descido sobre a Terra, escureceu e se transformou em trevas.

Mesmo assustado com a surpresa da mudança do clima, eu parecia um deus grego, cujo falo não atendia aos apelos do medo. Contorcia-me e dava estocadas ferozes que faziam a loucura de Jezebel. Uma víbora em seu estertor de morte não conseguiria se contorcer daquela forma.

O Diabo era cantado lá fora por Raul Seixas e Conde Drácula aguardava sinistro, envolto em sua capa preta e vermelha, há sua hora. Jezebel grunhia e implorava que eu virasse um enorme falo para matá-la novamente de prazer. Ejaculei bem um pote de espermatozoides dentro daquele orifício demoníaco, razão da perdição humana. Jezebel, satisfeita, não se conformava por ainda me ver de pau duro, de repente o priapismo se apoderou de mim, meu pau não amolecia e insistia em crescer ávido por novas investidas naquela gruta angelical.

Trovoadas ribombavam nos céus, a chuva que prenunciava estragos, não demoraria a lavra os pecados do mundo e os meus e os de Jezebel. Ela estava aflita e queria sumir o mais rápido possível dali. Irritei-me e até fui meio grosso com ela.

— Sair embaixo deste tempo feio? Cê está doida, linda, fique me dê mais prazer, me mate de uma vez, porque de agora em diante você será somente minha.

Jezebel se vestiu apressadamente, ela não estava nem um pouco menstruada como alegara no princípio e o cheiro do néctar que escorria de sua vulva, quando ela atingiu 7, 4 pontos na Escala Richter e teve o mais intenso orgasmo de sua vida ou morte, me inebriou e encheu meu quarto de um cheiro angelical.

Ela precisa ir se embora dali o mais urgente possível e devido ao vento forte, que anunciava chuva torrencial, o tempo antes abrasivo, ficou bastante frio. Jezebel me pediu um agasalho qualquer emprestado e me pediu para que o pegasse de volta no dia seguinte. Às pressas peguei uma blusa de lã confortável que minha mãe tinha há anos guardada, cheirando à mofo.

Pedi desculpas a Jezebel por causa do cheiro de mofo que impregnava o agasalho, mas recomendei muito cuidado, pois minha mãe tinha um zelo especial com aquela blusa, que ganhara de presente de minha tia Eleonora, veio da Alemanha, uma relíquia para uma família pobre como a minha. Jezebel não deu ouvidos ao que falei, vestiu a blusa e me indicou seu endereço para que eu fosse ao dia seguinte pegar o agasalho.

Saiu debaixo daquele tempo tenebroso, me ofereci de pronto para acompanhá-la até sua residência, mas ela insistiu que não havia necessidade, pois ainda demoraria uns 30 minutos até que a chuva caísse torrencial e alargadora. Fiquei triste e puto da vida com a irresponsabilidade minha, por permitir que aquele anjo saísse assim, correndo o risco de ser surpreendida por um terrível temporal. Fiquei plantado no portão vendo-a caminhar calmamente como se aquele negro tempo nada significasse.

Que covardia a minha, deixa-la sair sozinha, que falta de cavalheirismo de um homem que acabara de ser sorteado pela natureza e ganhara uma fortuna incalculável de prazer. No entanto, eu não poderia acompanhá-la daquele jeito, meu pênis ainda permanecia inalterável, rijo como um lingote de aço e parecia ainda maior.

Decidi então, dar um fim a bagunça que fizéramos, sem deixar vestígio, antes que meus pais retornassem do trabalho. Espargi Chanel que furtei no quarto de minha irmã por todo o meu quarto, pois eu tinha a impressão de aquele cheiro tentador do orgasmo de Jezebel ainda rescendia em toda a casa.

Minha irmã, com toda certeza me diria impropérios por causa do perfume caro que seu namoradinho riquinho e boiola lhe deram de presente de aniversário, mas seria mais apropriado ouvir os berros de revolta da minha irmã do que deixar meus pais perceberem que eu tinha levado uma mulher para casa e feito sexo, seria o mesmo que decretar minha pena de morte.

Eu continuava de pau rijo como ferro e até tomei um banho decente, coloquei uma calça mais larga para disfarçar o volume do pênis e com a maior cara de pau, encarei meus pais que nada notaram de estranho e até me teceram elogios pelo trato legal que eu dera em meu quarto, só se incomodaram um pouco com o forte cheiro de perfume.

Meu Deus só espera que minha mãe não resolva justamente hoje usar aquela blusa dela. Tudo correu bem aquela noite. Fui para cama cedo e ainda de pau duro. Debaixo do cobertor, eu não me aguentava de saudade e de tesão, só pensava em Jezebel e a queria a todo custo. Toquei várias punhetas antes de conciliar o sono.

Amanheceu e já de cara, me flagrei com o pênis mais rígido do que cabeça de baiano e no lavabo, sem me conter, me masturbei rapidamente. Hoje à noite irei à casa de Jezebel para pegar a blusa da mamãe que emprestei para aquele anjo e aproveitarei a desculpa para vê-la e falar com ela. Minha paixão por aquela ninfa já havia criado e fincado raízes em minha alma.

A vida sem ela doravante seria monótona e sem graça. Eu precisava vê-la, ouvir sua voz maviosa, olhar seu corpo enfeitiçador. Eu não conseguia acreditar em mim mesmo, rocker e mulherengo como o que, que não me apaixonava nunca por mulher nenhuma, estava agora prostrado e de quatro diante daquela mulher e isso tudo em apenas um dia. Era demais...

Não podia ser real, mas era. Acorde do pesadelo, ô machão, babaca! Que acordar o que, eu queria era mais deste infernal e lúbrico pesadelo, queria Jezebel. Minha ansiedade e saudade daquela ninfa superavam a razão. Ainda era cedo para o horário marcado, mas minha falta de senso e paciência me levou até onde morava minha feiticeira. Bati à porta sem pensar no incômodo que talvez pudesse causar a família daquela deusa egípcia.

Bati várias vezes e ouvi uma voz grossa lá no fundo praguejando o inconveniente. A porta se abriu e um homem, que imaginei ser o pai de Jezebel, alto e forte como um touro, mas com um olhar doce demais para o seu porte, me indagou:

— O que deseja há esta hora rapazinho?

— Aqui mora uma moça chamada Jezebel?

— Ela é minha amiga e eu emprestei uma blusa para ela ontem e marquei com ela de vir pegar a blusa hoje...

— Um rapaz, eu sou o pai de Jezebel e ela morava nesta casa, mas há tempos não mora mais. Isso é uma brincadeira?

— Desculpe-me, senhor? Mas ela me pediu para que viesse hoje para apanhar a blusa que emprestei.

— Meu rapaz, você deve estar muito enganado e se você pretende brincar com os sentimentos de um pai contristado, bateu em porta errada. Por favor, se retire imediatamente e vá caçar o que fazer.

— Senhor, por favor, eu estou falando sério, a Jezebel me deu este endereço e me pediu para vir aqui hoje. A blusa que emprestei a ela ontem, antes da chuvarada pertence a minha mãe e preciso levá-la de volta.

— Você está falando sério, meu rapaz? Em que lugar você esteve com Jezebel? Você só pode estar louco, não pode ser real...

E repentinamente aquele homem que me parecera uma fortaleza até então, encheu os olhos de lágrimas e tentou disfarçar sua tristeza e surpresa, mas me pediu que entrasse em sua sala para me mostrar uma coisa. Meio envergonhado, mas louco de vontade de rever minha princesa, adentrei à sala daquela residência e vislumbrei inúmeros quadros dependurados nas quatro paredes da sala.

Eram fotos de Jezebel, em variadas poses, linda como a mais linda das ninfas, meu coração acelerou, mas fui interrompido de meus pensamentos por uma pergunta:

— Jezebel é esta moça que enfeita esta sala outrora alegre. Você tem certeza de que esteve mesmo com esta moça da foto ontem e que lhe emprestou uma blusa?

— Certeza mais do que absoluta, senhor, somos amigos, desde ontem...

O homem desatou a chorar e eu fiquei sem saber o que dizer, mas ainda tive a ousadia de complementar:

— Senhor, perdoe-me a indelicadeza, não sei o que está ocorrendo, mas se a sua filha não se encontra em casa, o senhor poderia me prestar a gentileza de procurar pela blusa que emprestei a Jezebel?

— Meu filho, já não me chamou mais de rapaz, o que tenho a dizer-lhe pode parecer estranho, mas Jezebel, que era a felicidade deste lar, faleceu há mais de 5 anos. Ela se meteu com uma corja de drogados e roqueiros e morreu vítima de overdose e com a morte dela, a família toda morreu também, pois aqui ninguém mais tem ânimo para a vida.

— O quê, o senhor agora é que está brincando comigo. Eu estive com Jezebel ontem, meu senhor, não pode ser.

Meu filho, vamos até o cemitério, porque lá eu vou todos os dias conversarem com minha filha e você verá com seus próprios olhos o túmulo em que encerraram a vida da minha flor...

Eu e meu acompanhante íamos cortando alamedas e canteiros rumo ao pequeno cemitério da cidade. Eu estava paralisado e dominado pela angústia e medo, mas fazia questão de comprovar aquela loucura, não podia ser verdade, era uma brincadeira de mau gosto do destino, ou aquela Jezebel filha daquele homem era outra muito parecida com a minha Jezebel.

Cortamos as velinhas do campo santo e lá no fundo daquele lugar, latifúndio dos falecidos, ao longe, estava o túmulo simples de Jezebel. Quando nos aproximamos bem daquela alcova de ossos humanos e de lembranças, meu coração quase parou, perdi a fala, estático e sem movimento nenhum nas pernas, vislumbrei cuidadosamente dobrada, por sobre a lápide, a mesma blusa de lã da minha mãe que eu houvera emprestado para Jezebel no dia anterior. E um epitáfio que dizia: Aqui descansa a mais linda flor descida dos céus, Jezebel, agora nos braços de Deus, que a quis de volta para enfeitar seu jardim. *09/06/1970 - +09/06/1986.

Dia nove de junho de 1991? Não é possível, foi ontem, exatamente o mesmo dia em que Jezebel faleceu e no mesmo dia em que completara 16 anos?

— Nãooooooo!

— Morta há cinco anos a minha amada?

— Meu Deus o que está ocorrendo?

O pai de Jezebel, quando me notou naquele estado tétrico, chafurdado em copiosas lágrimas e com a blusa junto ao peito, estupefato, me mostrou uma foto de Jezebel afixada no túmulo. Jezebel estava usando a mesma roupa que usava ontem quando me levou ao paraíso, me perguntou novamente aos prantos:

— É esta a moça que esteve com você ontem? É esta a mesma blusa que você emprestou a Jezebel???

Minha voz emudecera, mas respondi suas perguntas com o menear de cabeça e com as lágrimas que banhavam meu rosto. E aquele homem desabou por cima do tumulo de

Jezebel, balbuciando: Minha filhinha querida, minha Jezebel, por quê?

Num desmaio sem volta e em seguida, me borrando de medo e sem acreditar em tal situação, vi que Jezebel, através da foto afixada em sua cova, parecia me sorrir aquele sorriso languido e provocador, que me levou à loucura. Acometido por um mal súbito, caí entremeio aos túmulos e minhas vistas e consciência apagaram-se.

Acordei não sei quantos dias depois, num leito que parecia ser de um hospital, cheio de tubos, cabeça enfaixada, soro na veia e chamando sem cessar: Jezebel, minha Jezebel, me espere, querida, logo mais estarei ao teu lado, meu amor, meu paraíso, minha ninfa e ria desbragadamente e chamava por seu nome. Foi quando tive a rápida consciência de que me encontrava no manicômio...

Autor: Isaac Soares de Souza; IG: @soaresdesouzai

Sonho Molhado

Vejo-te chegar, os meus olhos vão de encontro aos teus e mirando-te por inteiro, sinto de imediato um fogo pelo meu corpo inteiro, a minha calcinha fica húmida, a minha cona começa a latejar com necessidade do teu pau todo dentro de mim, bem fundo como tanto gostamos.

Dou-te um beijo molhado, selvagem e intenso, cheio de vontade de te comer todo. Dispo-te a camisa e a seguir a minha blusa, percorro a minha língua pelo teu peito e ouço um ligeiro grunhido de prazer.

Continuo com a minha língua a percorrer o teu tronco até à tua virilha e mal tiro os teus *boxers*, vislumbro o teu pau ereto a apontar para o teto e passo a ponta da língua na cabeça do teu pau gostoso, grosso e longo. Sinto o teu sabor agridoce que me deixa ainda mais louca de tesão.

Sinto-me a escorrer, sedenta de ti entre as minhas pernas. Continuo a chupar-te e tu empurras a minha cabeça, agarras-me nos cabelos e sinto o teu pau na minha garganta, ouço-te a gemer de prazer.

Louca de tesão suplico que arrebatas esse pau gostoso dentro de mim. Brincas em tom de provocação e passas todo o teu tesão no meu clitóris num vai e vem que quase me venho. De repente, parado e a olhar para mim, fazes-me implorar que me fodas com o teu mastro avantajado. Viras-me de costas, agarras-me com precisão nas minhas nacas e começas com a pontinha do pau a molhá-la na minha humidade e continuas delicadamente.

Sinto cada centímetro teu a entrar em mim, mas em segundos, passas para um vai e vem selvático. Sinto uma ligeira dor prazerosa dentro de mim, bates bem fundo e esta dor agradável deixa-me ainda mais molhada e grito desesperadamente a pedir que não pares. Quero que continues e me fodas, até não haver mais energia de ambas as partes.

Pedes-me para ir para cima de ti e eu num rodopio começo a montar-te cheia de vontade de me vir, roço o meu clitóris contra a tua pélvis e enquanto o teu pau bem fundo me faz entrar em delírio, em segundos venho-me numa explosão de prazer, num orgasmo que me leva para lá do horizonte e me deixa nas nuvens, completamente louca a gritar de prazer.

De seguida continuo a cavalgar e tu aceleras, chupas-me os mamilos, apertas as minhas mamas e continuas a aumentar o ritmo e a deixares-me novamente pronta para um segundo orgasmo. Beijas-me intensamente, louco de excitação neste rebolar de línguas e logo a seguir te vens, ouço os teus gemidos frenéticos e pleno de prazer.

Saio de cima de ti e apresso-me a engolir o que ainda resta do teu néctar, enquanto continuas a tocar no meu clitóris com movimentos circulares e me começas a foder com dois dedos e assim chego ao segundo orgasmo, mais uma vez nas nuvens, relaxada, deito-me sobre o teu peito e deixo-me ficar.

Repentinamente acordo toda molhada e vejo que não estas Superman. Mas estiveste comigo neste sonho molhado e delicioso. Vamos repetir e passar à realidade.

Sempre Cheia de Vontade de Ti!

Autora: Sofia; IG: @vontade.de.ti

Tu e só Tu

As lembranças dos nossos tempos felizes invadem os meus pensamentos e continuam a encher-me de tesão, desejo e vontade de ti.

Há alguns dias que não nos vemos, a saudade e o desejo são tão intensos que sinto choques eléctricos de tensão sexual a percorrer o meu corpo, sinto tanta necessidade de ti como de água para beber.

Estar longe de ti e do teu corpo é como não ter nada para alimentar o corpo e a alma, semelhante a morrer de fome. Sempre foi o meu vício bom e saboroso Superman.

Vens de mansinho pela calada da noite, abro-te a porta e olho para o teu olhar cheio de desejo, meio escondido pela pouca luminosidade do ambiente e atrás dos teus óculos azuis que te dão tanto charme e um ar atraente de *sexy geek*. É um deleite contemplar-te com o teu estilo de menino bem-comportado e que rapidamente parte a "loiça toda" literalmente.

Passas a mão no meu cabelo, colocas para trás dos meus ombros carinhosamente e beijas a minha boca, olhas-me com esse olhar penetrante de desejo e beijas o meu pescoço, nesse mesmo instante a minha cona dá sinal de excitação.

De seguida beijas-me intensamente cheio de vontade de mim e de paixão, começas a soltar a tua veia animalesca e abres-me o fecho do vestido que escorrega de imediato para os meus pés. Olhas-me de cima a baixo para o meu corpo seminu e sinto a aumentar a tensão de desejo entre os nossos corpos que parecem ter um íman que nos puxa um para o outro. A necessidade de sentir a tua pele colada à minha é incontrolável e rapidamente te dispo a camisa e começo a percorrer o teu peito de beijos e a minha língua escorrega até à tua cintura.

Desaperto-te o cinto, abro o fecho das tuas calças e desço-as para os teus pés, juntamente com os boxers. Continuo e começo a beijar, acariciar e a passar a língua na tua virilha até chegar ao teu pau já cheio de vontade de receber a minha boca, a minha língua e toda a minha humidade quente e ardente.

Começo a passar a língua na tua glande, com movimentos circulares e coloco na minha boca e começo a sugar e ouço um gemido teu que me faz ficar com a minha cona a latejar e completamente molhada, tanto que começo a me sentir a escorrer de vontade de te ter dentro de mim.

Continuo a chupar-te e acrescento as minhas mãos na base do teu pau grande e grosso, onde faço movimentos de torção e em simultâneo com a minha boca, continuo a chupar-te, sugar-te e a lamber-te.

De repente sinto o teu pau completamente ereto e no auge, louco para me penetrar bem fundo como ambos deliramos. Pegas no meu cabelo e fazes um género de rabo de cavalo com a tua mão e puxas-me, empurras a minha cabeça, mais funda e o teu pau bate na minha garganta. De seguida tiras-me as cuecas com rapidez e começas a passar a tua língua com provocação na minha cona e de seguida dás uma chupada no meu clitóris até ao céu da boca que me faz gemer de loucura, contorcer-me de desejo e fazes com que te comece a suplicar que enterres o teu pau bem fundo na minha cona sedenta e escorregadia de te ter.

O tesão aumenta ainda mais quando começo a sentir os nossos cheiros misturados, os nossos fluídos que pairam no ar, um perfume tão excitante e indescritível que me deixa inebriada.

Começas a penetrar-me devagarinho e sente o meu calor e humidade no teu pau, sentes a minha vontade de ti inesgotável, o meu sexo latejante e empurras bem fundo, dou o primeiro gemido com um misto de dor prazerosa e faço-te sentir o quanto amo este encaixe perfeito.

Arrebates com força e coloco as minhas pernas entrelaçadas a ti, como se tratasse de um abraço e fôssemos um só. Beijas-me loucamente e olhas nos meus olhos, excitas-me demasiado com esse olhar cheio de voracidade de mim, lançam-me faíscas que entram na minha alma e fazem com que não controle mais o orgasmo.

Salto para cima de ti e colocaste a jeito, na posição que eu adoro vir-me todinha para ti, com o teu completamente enterrado na minha cona e o meu clitóris a roçar na tua pélvis devagarinho e a saborear a grossura do teu membro dentro de mim que me faz transcender para outra galáxia, olho-te nos olhos e vejo o quanto aprecias ver a minha expressão facial louca de desejo e a atingir um orgasmo tão intenso que te faz delirar comigo ao ouvires os meus gritos e gemidos de prazer absoluto.

Depois de uns segundos de soberbo prazer e me teres levado à lua, continuo a arremessar-me em cima de ti. Pouco depois, com o teu ar altivo e dominador pedes-me que me ponha de quatro e rapidamente o enterras outra vez bem fundo e dou um gemido prazeroso ao sentir-te a tocar no máximo dentro de mim que é uma sensação mista de prazer intenso e dor moderada.

Continuas o vai e vem, aumentas o ritmo e dás-me uma palmada no meu rabo e com uma mão agarras de seguida nele e colocas sorrateiramente o teu dedo polegar no meu ânus e que nos excita ainda mais aos dois.

Entras num ritmo frenético e animalesco e fodes-me como se não houvesse amanhã. Puxas o meu cabelo e arrepias-me tanto que os meus mamilos ficam eretos.

Entretanto dizes que te vais vir e eu peço que te venhas na minha boca como tanto adoro engolir esse néctar de Deus grego. Engulo o teu néctar quente e delicioso e chupo a tua glande até não aguentares mais devido à sensibilidade do teu orgasmo.

No fim ficamos deitados e abraçados, a descansar e a sentir as nossas peles suadas com o nosso perfume corporal misturado e viciante. Confidencio-te ao ouvido que és uma delícia de homem e que não me canso de estar contigo, seja na cama ou em outra circunstância comum. Tudo em ti me complementa Superman.

Tu e só tu, quando éramos nós!

Sempre Cheia de Vontade de Ti!

Autora: Sofia; IG: @vontade.de.ti

Amantes carentes

Separado por apenas quarteirões ele sempre surpreendia com olhares ao passar em sua rua. Ela da janela de toalhas e cabelos molhados. Suspiros profundos no lançar do olhar a queimar os corpos pela múltipla sedução ela tão carente do fogo sempre no mesmo horário, todo dia, esperava com as cortinas semiabertas e lá vinha ele trocando passos lentos a chamar sua atenção.

Quase que como um céu estrelado era o espaço entre a janela e a rua, imaginário pela troca de olhares que produziam e pareciam dizer coisas infinitas. Era assim toda tarde. Ele de volta do trabalho ela ali na espreita, sempre sensual e sedutora. Os dois casados e divididos entre o receio e fogo ardente da sedução.

À noite tomava-se extensa pela ansiedade do novo dia. Era recíproco todo aquele sentimento que nas noites sozinho se guardavam num desses dias de chuva, ela saiu em direção à praça da cidade. Vestida de saia curta sensual, e blusa decotada, com batom de cor a rosada, desfilava pelas ruas a angariar suspiros por onde passava.

Mas sua intenção não era arrancar ruídos cardíacos, mas ela vai encarar um desejo escondido dentro desse ponto queria encontrar seu desejo Amado em algum lugar por onde andava ponto em rumo à praça cautelosa, buscavam de olhares todos os possíveis caminhos por onde ele andava. Era bem cedo, já pretende uma emboscada de amor.

Sentada no banco da praça, lançava seus olhares, fisgam-te por todos os cantos. De repente não mais que o esperado, ele vinha de passos lentos, pois sabia que ele o esperava. E ela já ofegante pelas batidas aceleradas do seu coração, sorria com olhar de chamas.

Ele aproximando-se corresponda coercivamente ponto dali saíram os dois ainda que discretos, para o lago em meio a serras. Ele nem se lembrava do trabalho. Aqueles olhos tão envolventes que o fez esquecer-se de qualquer outro compromisso.

Ele de sapatos, camisa e calça social, penetrou se com ela naquela serra ao rumo do lago ponto e naquela pedra à beira rio abraçaram-se finalmente quando esses feixes de ardentes beijos e sedução. Os corpos se queimavam de tanto desejo. Um desejo proibido e escondido por tanto tempo.

Os beijos serão vale dois amantes e os corpos transbordavam de fogo, e se amavam intensamente e o lago do seu cúmplice ou sacoleiro um banho refrescante, embora nublado e, depois de muito se amarem.

Autor: Assis Pereira; IG: @poesiaassispereira

Amante para as necessidades

A questão é que o homem tinha um encontro amoroso para as dezoito horas. Esperou em vão. Morto de raiva subiu o morro que conduzia a sua casa (Viera esperar por uma suposta namorada no local combinado para levá-la consigo). Ergueu a voz para si mesmo: "Droga!".

Ele não pensou que isso fosse acontecer – levar um fora!

Já perto de casa, pegou o telefone.

— Oi, querida, vamos fazer que? Estou em ponto de bala...

— Claro, meu querido. Eu o aguardo no lugar de sempre, em frente à Igreja de São Francisco. Você sabe, não é? Para o caso de eu precisar disfarçar, entro na igreja...

Ele não queria sair hoje com ela, mas fazer o quê se o corpo formigava?!

— Ai, a necessidade!

Autora: Tereza Cristina; IG: @teresaflordecaju

A paixão deles

Oswald gostava de caminhar todo fim de tarde para pensar sobre a sua louca vida no escritório. Ele adentrou no parque, como de costume, pensando como o chefe dele o sacaneava com muito trabalho e o salário baixo.

Ele precisava de diversão, de uma coisa diferente para alegrar seu dia, já que sua namorada não dava bola para ele. Foi quando despertaram de seus pensamentos avistando metros à frente dois homens conversando muito próximos, decidiu se encostar-se a arvore e disfarçar.

Pouco tempo depois, os dois homens se envolveram em um beijo violento e as roupas começaram a ser tiradas na mesma intensidade. Oswald não conseguia se mexer, apenas ficou olhando um deles agachando e chupando aquele mastro com vontade e o outro gemendo baixinho, ambos sem se preocupar se alguém os observava.

Foi quando Oswald decidiu sair dali e pisou em um galho seco, o barulho o fez gelar e quando perceberam, os dois homens estavam olhando para ele sedentos, não se importando de serem pegos no flagra.

Um tempo depois...

Terry e Joe sabiam que estavam sendo observados e não se importaram de serem pegos no flagra, a presença do gostoso Oswald ali parado olhando para os dois, só aumentou o tesão. Eles chamaram Oswald e esse caminhou devagar em direção a eles, entre o misto de medo e excitação, talvez fosse essa a aventura que ele estava procurando, apesar de nunca ter feito nada com outro homem.

Os garotos abaixaram a calça dele e ambos chuparam aquele mastro de 24 cm, eles não acreditavam o quanto Oswald era dotado; Joe, mais safadinho, vendo o mastro todo molhado pela saliva deles, já empinou a bunda e Oswald não perdeu tempo, meteu no fundo e fez o movimento de vai e vem bem rápido, era muito tesão, enquanto Terry o beijava violentamente.

Não demorou muito e Oswald gozou jatos e mais jatos nas costas de Joe e Terry já abaixou para chupá-lo. Esse dia certamente ficará para a história...

Logo veio o casamento...

O casamento de Oswald chegou finalmente, mesmo após a sua louca aventura no parque com os garotos, ele não poderia deixar de convidá-los para a sua despedida de solteiro.

Terry, Joe e Chris chegaram até a casa de Oswald, onde já rolava uma música e bebida, outros garotos estavam por lá para participar da despedida de solteiro com eles, mas Oswald só tinha olhos para os garotos que ele curtiu no parque.

Sem demora, ele puxou Terry e Joe para o quarto, mas Chris acabou vindo junto; não houve tempo para explicações ou conversas, o desejo era tanto que todos já estavam sem roupa e se chupando deliciosamente. Resolveram fazer um trenzinho da alegria, com Joe, Oswald atrás dele, seguido de Terry e Chris, os gemidos ecoavam pelo quarto.

No final, Oswald deitou na cama e esperou o presente: uma chuva de prata no rosto e peito, com a boca aberta, ele aproveitou o que pôde.

Bruno Twain - @forevern4always e @brunotwain

Sensações

Eu te contemplo de várias maneiras,
E quando não posso te tocar com as mãos,
Te toco com os olhos

Minhas mãos e meus olhos
Acompanham seu corpo em desenvoltura a cada toque, a cada
olhar meus seus seios que abocanho.
E sinto o prazer da sua voz arranhando a garganta em delírio,
Na entrega ao sentir meu toque que adentra subindo pelas suas
coxas até chegar a seu íntimo,
Deslizando num ritmo intenso e profundo
Pelo amor que é te ter

E aflora...
Em sensações únicas e involuntárias
Junto ao brilho dos olhos que se fecham
Mas resplandece na pela que cintila e reluz,
Olhos que se abrem, reviram e se fecham num prazer
incandescente.
Que em ponto de afloração levanta voo...
E explode, e goza e suspira,
E o sorriso se abre e a língua passa pelos lábios secos
Mas o beijo molhado pelo seu próprio líquido desperta,

Afastando os cabelos emaranhados que há pouco tempo se

bagunçarem entre as cobertas

Mas se eu não te toco com as mãos e nem com os olhos,

Te toco pelos meus sentimentos, pelo amor

Que sinto por você

Porque eu te olho, te toco e te admiro aonde quer que seja,

Mas algo no mundo muda, cada vez que você me beija.

Autora: Thamires Araújo; IG: @versosdemaio

Vespertina

Não há como esperar mais!

Meu corpo te chama,

Deitada e despida nessa cama,

Na luz vespertina desse quarto, de fronte ao cais!

Minhas pernas tremem, imaginando sua boca nelas a passar.

Pouco a pouco subindo para meu sexo apreciar

E sua língua bailar em minha humilde alma faminta...

Garantido meu gozo, com seu prazer volumoso, seu corpo jeitoso, seu balançar gostoso...

Nossa! Que sensação é imaginar você entrando por aquela porta.... Já me vejo demasiadamente morta, com todo o desejo que tenho, sendo devorada por você.

Maior fica meu tesão, meu prazer!

Ainda estou aqui na cama, gritando "me ama"!

Atiça a louça em mim! Arranca meus gemidos, coloque um fim, nessa tortura tão intensa!

Encaixa essa sua postura densa, em minha postura pequena.

Arranha tua barba em minha pele amena,

Assina com seu olhar furioso a sentença!

Só não me prive da sua presença, enlouquecedora.

Eu sou sim muito merecedora

Desse seu transar desmedido.

Faça amor comigo!

E me faça sua como nunca fez!

Depois será a minha vez,

E eu vou te dar toda a minha insanidade

Farei dessa safada atitude, a mais pura verdade.

Penetre-me, firme e devagar!

Ter-te assim é quase uma loucura.

Gozar à base da sua tortura,

É correr o risco de te amar!

Kellem Reis @meustextos1983

A dama de batom vermelho

Maquiagem bem notada
Batom vermelho na boca
Perfume exalando.
Dama da noite,
Em mais uma noitada vai sair,
Vai ficar louca.
Os admiradores ligando,
Tão querendo uma chance
Ela rejeita ligações
Ela rejeita qualquer lance.

Sai bem aparentada,
Chama atenção onde passa
Desfilando de salto alto.
Ela arrasta corações com sua graça
Belas curvas, pernas torneadas.
Cintura bem fininha.
Chega à balada, ela bebe um vinho,
Fica louquinha.
Doidinha,
Perdendo a linha.

Os que se aproximam dela,

Tentam se aproveitar,

Mais eles não têm o que falar.

Sorria,

Maestria,

Levam eles a loucuras

Despede-se com ironia.

Ela só queria sair para beber

Ela só queria sair para dançar.

Ela cansou dos amores, mal resolvidos,

E só iludia

Aqueles que por ela fossem se apaixonar.

Ela só queria sorrir a noite.

Ela só queria uma boa companhia para beber.

Mas quando só aparecia o mal-intencionado

Ela saia de perto, e voltava para o seu AP.

Autor: Tomaz de Souza; IG: @tomazsouza3030

Nada de amor

Você se entregou para mim, querendo ser amada,
Sua vontade era tão louca, que te deixei viciada.
Cada beijo trocado, cada toque bem sentido,
Eu via seu rosto satisfeito, eu estava contido.

Você se sentia satisfeita, virava para direita,
Virava para esquerda, contorcia maliciosa a sujeita.
Deu as costas, com os cabelos longos para mim,
Ergueu os braços, e pediu-me que fosse até o fim.

Atendi seu pedido com fervor, se viciou em mim.
Maliciosa, apaixonada, rainha de cama,
Fiz-te feliz a noite inteira, ela dizia ate que ama.
Que maliciosa a sujeita de cabelos lisos e longos.

Pele macia e olhos pidões que noite de amor!
Eu não queria faze-la sofrer, apenas se entregar.
Ela se entregou, se viciou, foi embora, e quando ligou.
Ligação por mim rejeitada acabou!
Nada de amor.

Autor: Tomaz de Souza; IG: @tomazsouza3030

Na Piscina

Fomos para o jardim onde ficava a piscina, bebemos, conversamos e brincamos o que tornou tudo mais gostoso e natural.

Decidimos ao mesmo tempo mergulhar, com roupa e tudo, lá dentro começamos a nos beijar, corpos molhados, cheios de desejo e adrenalina por aquele momento perigoso e excitante.

Ele colocou-me de encontro a parede da piscina, minhas pernas entrelaçadas nele, que estava rígido e sedento. Desabotoei os botões de sua camisa e a joguei, enquanto eu fazia isso ele tirou o restante de suas roupas e as minhas.

Deixando apenas a calcinha de renda vermelha, que ele fez questão de rasgar, sabendo que disso eu iria gostar. Provamos um ao outro por inteiro com nossas bocas e línguas, me penetrou de frente e por trás, devagar e com força, tocando-me inteira. Gemíamos e sussurrávamos palavras picantes, permanecemos ali em várias posições, gozamos várias vezes até nos satisfazer completamente.

Autora: Gabriela; IG: @inspiraçoes.poeticas

Despedida de solteiro

Música alta e envolvente, corpos quentes e sensuais a balançar.

Cheiro de puro tesão no ar, deixando toda tensão passar.

Homens vestidos de bombeiro, agitando o corpo inteiro.

As mulheres vibrando entorpecidas naquela deliciosa despedida de solteiro.

A dona da festa sedenta e gulosa, louca por uma aventura perigosa.

Encosta no bombeiro premiado e olha para o lado e saem de fininho, para um lugar bem escurinho.

Beijos gulosos e carícias sedentas, a mão do bombeiro a fazia ficar mais molhada, e ela o retribuindo, deixando-o mais rígido.

Ambos nessa brincadeira gozaram pela primeira vez, e só o que tinham em mente, era fazer tudo novamente de maneiras diferentes, aproveitando a noite inteira.

Autora: Gabriela; IG: @inspiraçoes.poeticas

Guardando-me

Vista-me com tua pele,

Para que de mim esqueça.

Sem pressa, sem laços, não volte.

Cubra meu corpo, pelos linhos que desfias,

Na ânsia louca, insana,

Dos desejos tiranos.

Invada meu íntimo, me tome.

Sirva-me uma taça de vinho,

Naquela, onde repousa, ao fundo, veneno.

Sorvendo ao último gole.

Tirando-me traços de memória,

Para que hoje não lembre,

Amanhã retorne.

Sem eira nem beira dos sentidos,

Ficando perdida em tuas mãos,

No despertar da noite, que tua nudez encobre.

Despindo meu íntimo de toda timidez,

Quebrando o silêncio das palavras torpes,

Que tua pele ouve, sentindo arrepios.

Guardando-me nas tuas asas de anjo,

Decaídas do céu, lançando-me ao inferno,

Que tua nudez, a mim condena.

Autora: Alda Leite; IG:@luaestrelaspoeticas

Lia, Edu e a Loura

No bar do hotel, Lia se serviu de mais uma taça de vinho enquanto aguardava a chegada de Edu. Tinham tido um dia cansativo de trabalho e combinaram de se encontrarem lá, antes do jantar. Enquanto Lia esperava, percebeu que uma Loura, do outro lado do balcão, sorria e a encarava enquanto levava seu drink à boca.

Lia sorriu e brindou com ela de longe. Ela baixou os olhos, mas Lia percebeu que era apenas um jogo. Chamou o garçom e pediu que oferecesse um drink àquela Loura, em seu nome. Nessa hora, Edu entrava e viu o garçom entregando o drink direcionando o olhar para Lia. Ela abriu um sorriso malicioso para ele, mas ficou calada, enquanto ele se sentava e pedia seu costumeiro uísque.

Conversaram sobre trabalho, coisas corriqueiras, bobagens e riram até que resolveram pedir o jantar. Ao passarem pela Loura, Lia sentiu um perfume amadeirado e suave que a fez virar-se para trás, percebendo que ela também a olhava. Ao se sentarem à mesa, Lia comentou com Edu sobre o acontecido.

Ele a procurou com olhar que, ao vê-lo, sorriu e o cumprimentou, agradecendo também o drink à Lia com um gesto labial. Edu se levantou e caminhou em direção ao balcão. Encostou ao lado dela, sorriu e a convidou para que se juntasse a eles. A conversa rolava descontraída, a Loura, como eles estavam ali a trabalho. Disse que estava entediada em estar ali sem seus costumeiros companheiros de trabalho e agradeceu ao convite. A noite já ia alta quando pediram a conta. A Loura, que já havia percebido o lance dos dois e o interesse de Lia convidou-os para tomarem o último drink em seu quarto. Lia e Edu entreolhou-se com um sorriso no canto dos lábios e aceitaram o convite.

No quarto, sentaram-se no sofá. Lia ao lado de Edu e a Loura de frente aos dois. Trocaram mais algumas palavras para descontrair naquele clima que se instalava e quebrar o silêncio das vontades escondidas. Enquanto a Loura os servia de mais uma dose Lia começou a beijar Edu, que correspondia com a mão na sua nuca prendendo e puxando-a para mais perto de si. Aquela cena excitou a Loura, que no sofá começou a se acariciar. Edu beijava Lia enquanto abria sua blusa, a Loura fazia o mesmo, abria sua blusa e acariciava seus seios, com os olhos neles. Edu descia com a boca pelo corpo de Lia e a Loura fazia o mesmo trajeto com sua mão. Abriu a calça de Lia e beijou seu ventre. Os dedos da Loura encontraram o seu enquanto soltava um gemido baixinho de prazer.

Lia chamou a Loura para se sentar entre eles. Os dois começaram a beijá-la no rosto, boca, ombros. Edu avançava com a mão por dentro da roupa dela, pela blusa aberta beijando os seios à mostra... A excitação, tesão e desejo eram latentes. Enquanto Edu e a Loura se beijavam, Lia ajoelhou-se na frente dele, tirando-lhe a calça ao mesmo tempo em que sua boca avançada, vorazmente, contra aquele pau duro e gostoso que tanto a faz gozar.

A Loura foi descendo pelo peito de Edu até sua boca encontrar com a de Lia. Lambiam, mordiam e chupavam aquele pau saboroso, teso.... Elas se beijavam. Lia sentou por cima de Edu. A Loura encaixou atrás. Lia remexia seu quadril, metendo o pau para dentro de sua buceta encharcada e inchada de tesão enquanto a Loura beijava Edu e acariciava os seios de Lia. Deliciavam-se em meio a gemidos sufocados pelos beijos e carícias.

Lia levantou no sofá, colocando a buceta em direção a boca de Edu, que puxando a Loura para se sentar nele, de costas, sugava e enfiava sua língua em Lia enquanto metia fundo na Loura. Ela se levantou e foi ter com Edu chupando Lia que começou a chupá-la também. Buceta, cu... Buceta, cu...

Em pouco tempo, Edu já havia deitado a Loura no chão e colocado Lia de quatro, por cima dela. Enquanto enfiava seu pau com força na buceta de Lia, as duas se beijavam. Lia sentindo aquele pau gostoso entrar, com força entre buceta e cu, beijava, lambia e sugava a buceta da Loura. Mas Edu queria mais, queria gozar com as duas.

Deitado, ele sentou Lia em seu pau metendo-o fortemente até o fundo do seu cu, sabia que ela gostava de gozar assim e colocou a Loura ajoelhada em cima do seu rosto e pediu que ela esfregasse a buceta e o cu nele. Assim, entre movimentos frenéticos de um vaivém sem fim, gemidos, apertos e puxões os três gozaram tão intensamente que mesmo após cada um cair para um lado, ainda sentiam seus corpos contraírem num torpor que inebriava num êxtase que pouco a pouco foi se acalmando.

Despediram-se num silêncio gritante, onde se ouviam apenas os corações taquicardíacos. Ao fecharem a porta atrás de si, Lia e Edu se olharam com olhos de prazer, satisfação e cumplicidade que somente os dois conseguiam ter. O silêncio foi quebrado por Lia... Então.... Vamos pra meu quarto ou pro seu?

Autora: Ana; IG: @picardias.da.ana

Abocanha-me

Minhas mãos tocam querendo encontrar
Aquilo que é minha imaginação faz brotar
Numa visão é capaz de fazer frente
À visão de você com seu lingerie transparente.

A sinuosidade de teus seios
Combina com minhas mãos que insistem tocá-las
Fazendo teus mamilos pertencerem a minha língua
Que a lamber, te faz derreter junto com seus arrepios.

E teu ventre que acolhe vida e desejo
Derrama sobre meu membro o alimento da minha alma
Teu gozo me faz delirar sem sequer a penetrar.

De repente te vejo abaixar
E com olhar me render sobre nossos lençóis
Levando-me ao céu com seu ´´abocanhar´´.

Autor: Paulo Cardoso; IG: @poeta_paulocardoso

Me deixa entrar mais uma vez

Deixo a visão de você toda abertinha só para mim
Me embriagar em um prazer nunca antes visto
O encaixe de meus dedos te leva o sussurro extremo
E me acabo na última frase do nosso ato.

Só quero que o último minuto se transforme em horas
Para então no relógio do teu sexo, eu posso renascer.
E nos teus lábios deixar meu membro pousar
Molhando com meu prazer essa carne que me atiça.

Agora sei que ao tirar a cama
Posso mudar a posição, mas nunca um prazer.
Na frente e atrás, sou teu homem.

E dentro de mim, tu és aquela que me seduz.
Não é necessário me puxar...
Apenas me deixa entrar mais uma vez...

Autor: Paulo Cardoso; IG: @poeta_paulocardoso

Vontades

Amanheci virada

Vontade já de manhã

De junto com o café

Me dar de presente para você

Lembrei-me da delícia de trepada

Da noite passada

E assim virada

Querendo mais...

Será que sou insaciável?

Kkk...

Não é disso que se trata

É que seu trato é perfeito

Seduz e realiza

Em língua dedos e um membro que hipnotiza

Faz dançar e rebolar

Me alucina teu jeito de trepar....

Estou pronta a qualquer hora

Estou pronta agora

Vem gostosamente

Vem fogosamente

Você é inesquecível

Porque fode meu corpo

E minha mente...

Sabe o que dizer

Sabe o que pensar

Recita poemas

Faz rima

Enquanto degusta a minha menina...

Que loucura é essa

Como não querer?

Nem quero saber

Que digam que sou caliente

Abusada

Atrevida

Envolvente

Que tomo a frente...

Se te quero

Te digo

E aproveita logo o convite

Sou mulher feita e decidida

Já que nos encaixamos em nossas medidas

Vamos aproveitar...

Deixe o amanhã para lá.

Hoje vai rolar de novo

Se vai permanecer?

Só o tempo vai dizer.

Autora: Silvana; IG: @sonhosdegalega

Vem

Porque não usa essa noite fria

Vem me enlouquecer,

Essa chuva fria

Com esse jeito atrevido

Misturado com seu sorriso descontraído

Aumenta minha libido me enche de você.

Nos seus olhos um brilho intenso

Na sua boca muita malícia

No meu corpo só desejo,

Louco por você. Vem...

Faz de mim a sua musa não brinca comigo,

Mas me usa, quero em você morrer.

Esse seu jeito de me olhar

Que chega a dar arrepios,

Calafrios...

Esqueço-me do mundo vazio

Vem em mim se perder,

Nesse calor gerado em plena

Noite fira

Calor de prazer.

Autora: Mari Gonçalves; IG: @poesiasporvoce

Prazer intenso

No decorrer do sonho

Olhares de desejos, nossas loucuras

Prometo-te, neste desejo louco

Sentir o teu amar.

Procuro suas caricias

Morrendo de vontade

E escuto o seu pedido

Excitando os meus sentidos.

Neste amor que liberto

Que arrepia a pele sem esta perto.

Na vontade de ter

Sentir nossos corpos nus

Envolvidos nos gemidos

De um intenso prazer.

Basta o teu falar para te desejar,

Nos devorar, dois loucos

Onde o desejo nunca é pouco.

E o prazer e intenso

Puro de prazer...

Autora: Mari Gonçalves; IG: @poesiasporvoce

Contate-nos!

Prezado leitor, é com grande felicidade e satisfação que você chegou até aqui, após essa belíssima obra, esperamos que você tenha aproveitado ao máximo a leitura. Agora, conte-nos o que achou desta obra e do enredo, nos deixe saber como ela te tocou. Nos envie sugestões, elogios e suas críticas para continuarmos a crescer.

Visite nosso site para conhecer todas as obras de vários autores que estão lançados. Embarque na imensidão de possibilidades que a leitura proporciona e aproveite os nossos lançamentos. Cada autor publicado é uma realização imensa para nós e para cada pessoa que puder desfrutar da leitura.

Nos siga no Instagram, nosso perfil é o **@editorabrunsmarck**. Em nosso perfil, divulgamos e publicamos nossos últimos lançamentos e as novidades de cada autor. Aproveite para nos enviar uma mensagem, ficaremos felizes em responder qualquer dúvida e/ou solicitação.

Quer se tornar um autor?
Nos envie um e-mail, **editorabrunsmarck@gmail.com**.
Responderemos o mais breve possível com informações quanto à publicação, documentos e valores.

Novamente, obrigado por nos permitir estar aqui em suas mãos!

Siga a nossa equipe:

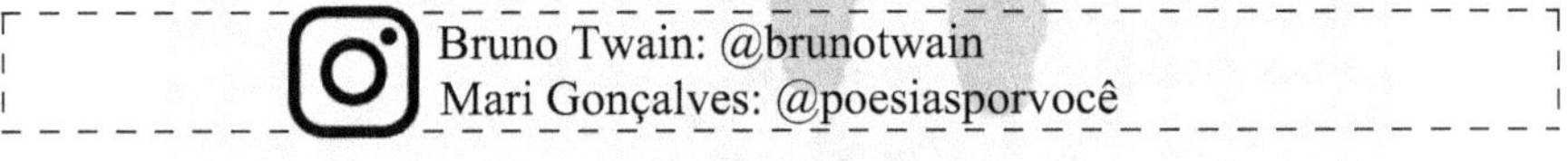